广西高校人文社科重点研究基地：政府数字传播与文化软实力研究中心，桂林电子科技大学学术著作出版基金，桂林电子科技大学商学院联合资助出版

印度 IT 产业迅猛发展的要素论析

胡启明 著

西南交通大学出版社
·成 都·

图书在版编目（CIP）数据

印度 IT 产业迅猛发展的要素论析 / 胡启明著. —成都：西南交通大学出版社，2019.11
ISBN 978-7-5643-6836-4

Ⅰ. ①印⋯ Ⅱ. ①胡⋯ Ⅲ. ①IT 产业 – 产业发展 – 要素分析 – 印度 Ⅳ. ①F493.51

中国版本图书馆 CIP 数据核字（2019）第 254824 号

Yindu IT Chanye Xunmeng Fazhan de Yaosu Lunxi
印度 IT 产业迅猛发展的要素论析

胡启明 著

责 任 编 辑	周　杨
封 面 设 计	曹天擎
出 版 发 行	西南交通大学出版社 （四川省成都市金牛区二环路北一段 111 号 西南交通大学创新大厦 21 楼）
发行部电话	028-87600564　028-87600533
邮 政 编 码	610031
网　　　址	http://www.xnjdcbs.com
印　　　刷	四川煤田地质制图印刷厂
成 品 尺 寸	170 mm × 230 mm
印　　　张	9.25
字　　　数	146 千
版　　　次	2019 年 11 月第 1 版
印　　　次	2019 年 11 月第 1 次
书　　　号	ISBN 978-7-5643-6836-4
定　　　价	66.00 元

图书如有印装质量问题　本社负责退换
版权所有　盗版必究　举报电话：028-87600562

前　言

中国和印度两国是世界上两个人口最多的国家，两国总人口超过26亿，都面临着消除贫困的重要任务，因此，发展经济是两国面临的共同任务。中国的制造业有优势，而印度的服务业一直表现抢眼，特别是印度IT产业已经成为印度形象的代名词，为印度赢得了"世界办公室"的美誉。

从发达国家经济发展的历史看，产业结构一般的演进规律是：首先发展农业，然后是工业，最后是服务业。农业和工业满足人类的物质需求，服务业满足人类的精神需求。农业是一个靠天吃饭的产业，因为产业的性质很难提高分工水平，因此效率低下，这种产业结构决定了农业社会是一个静态的社会。工业特别是加工制造业是一个可以高度分工的产业，分工水平的提高，必然带来效率的提高，因而大大提高了产业的附加值。因此，马克思说在资本主义发展不到一百年的时间里所创造的财富超过了人类社会以往所创造财富的总和。高效率的工业通过反哺农业，又提高了农业的生产效率。随着产业结构的升级以及人类需求结构的升级，又发展出了满足人类精神需求和服务于第二产业升级的第三产业即服务业。

产业结构与需求结构的关系是：产业结构升级引起收入提高，收入提高引起需求升级，产业结构反过来需要回应这种升级的需求结构；产业结构升级导致效率提高，进而导致收入提高和需求升级，从而使经济发展进入良性循环。第二产业落后导致创造的就业岗位不足，影响就业率的提高，不利于发挥后发优势。然而，印度的产业结构是以软件服务为代表的服务业为主导的"三二一"倒三角形的产业结构，这种"倒三角形"结构显然违背了上述产业结构演进的一般规律。第二产业落后的"倒三角形"模式不是印度产业的优点,也不是刻意追求的结果,而是不得已而为之的选择。

这种畸形的产业结构不利于就业率的提高:一方面不利于缓解贫困问题,另一方面不能充分发挥印度的后发优势,最终威胁经济的持续健康发展。印度要想纠正这种畸形的产业结构必须重视第二产业的发展。由于其基础设施十分落后,仅靠自身力量发展第二产业困难重重。而在这个方面,中国有丰富的资金、技术和经验,印度完全可以通过加强与中国的经贸合作,来解决基础设施问题进而大力发展第二产业。

因此,通过对印度IT产业的发展可以增进对印度发展模式的理解,从而有利于中印关系的发展。历史上,中印两国之间的友谊源远流长,尤其是在宗教和文化领域有着广泛而密切的交往。近代以来,中国积贫积弱,成为半殖民地半封建的国家,极大地阻碍了中国经济的发展。印度则成为英国的殖民地,同中国一样受到殖民的命运。中华人民共和国成立以后以及印度独立后,中印之间的关系经历了一段"蜜月期"。中国自20世纪70年代末开始实施改革开放,取得的成就举世瞩目。印度自20世纪90年代初实施自由化改革以来,也取得了巨大的成就,其IT产业甚为耀眼。作为当今世界上两个最大的发展中国家,同时也是金砖国家,为维护新兴经济体国家的利益和本国利益,必须增进相互了解。

作 者

2019年9月

目 录

第一章 导 论 ·· 1
　第一节 研究的背景及意义 ··· 1
　第二节 核心概念的界定 ·· 3
　第三节 研究思路 ·· 6
　第四节 创新与不足 ·· 6

第二章 文献综述 ·· 8
　第一节 资源禀赋说 ·· 8
　第二节 政府作用说 ·· 9
　第三节 产业集群说 ·· 11
　第四节 质量标准说 ·· 12
　第五节 印度移民网络说 ·· 13
　第六节 综合要素说 ·· 14

第三章 印度信息技术产业发展的主要历程 ··· 16
　第一节 计划经济主导下信息技术产业的启动 ······························· 17
　第二节 20世纪80年代印度信息技术产业初步发展 ······················· 19
　第三节 20世纪90年代印度信息技术产业快速发展 ······················· 23
　第四节 印度信息技术产业的起飞阶段 ·· 25
　第五节 信息技术产业成为印度支柱性产业 ·································· 30

第四章 印度信息技术产业发展六要素 ·· 33
　第一节 竞争优势理论 ··· 34

第二节　波特的"钻石模型"……………………………………… 37
　　第三节　"钻石模型"的优点及缺陷……………………………… 40
　　第四节　对"钻石模型"要素的改造……………………………… 42
　　第五节　六要素的层级……………………………………………… 45

第五章　生产要素…………………………………………………………… 47
　　第一节　理论分析…………………………………………………… 47
　　第二节　人力资源…………………………………………………… 50
　　第三节　基础设施与资本资源……………………………………… 54
　　第四节　知识资源…………………………………………………… 59

第六章　印度的教育发展…………………………………………………… 61
　　第一节　印度初等教育……………………………………………… 61
　　第二节　印度开展社区学院计划…………………………………… 64
　　第三节　印度设置职业学士学位…………………………………… 66
　　第四节　印度实施"国家职业教育资格框架"…………………… 69

第七章　需求条件…………………………………………………………… 71
　　第一节　国外需求…………………………………………………… 71
　　第二节　国内需求…………………………………………………… 74

第八章　信任条件…………………………………………………………… 77
　　第一节　高质量的印度侨民网络…………………………………… 79
　　第二节　广泛采用严苛的质量认证………………………………… 81

第九章　政　府……………………………………………………………… 83
　　第一节　政府与产业发展的关系…………………………………… 83
　　第二节　政府与印度信息技术产业发展…………………………… 85

第十章　产业集群…………………………………………………………… 94
　　第一节　产业集群与产业竞争力关系……………………………… 94
　　第二节　产业集群与印度信息技术产业发展……………………… 95

第十一章 机会及要素之间的相互作用 ………………………… 98
　第一节 机　会 ……………………………………………… 98
　第二节 要素之间的相互关系 ……………………………… 99
第十二章 印度信息技术产业发展要素培育所带来的启示 …… 111
　第一节 要素培育的相关经验 ……………………………… 111
　第二节 启　示 ……………………………………………… 116

参考文献 …………………………………………………………… 124
重要网络资源 ……………………………………………………… 139

第一章 导 论

第一节 研究的背景及意义

印度通过二十多年的经济改革已经成为世界上增长最快的经济体之一。印度的信息技术（IT）产业在这一增长过程中备受瞩目，信息技术产业几乎成为印度在全球舞台上的形象代名词，将印度的形象从一个经济低迷的农业国转变为一个充满活力、以低成本向发达国家提供世界一流的技术解决方案、商业服务和技术支持的全球经济重要参与者，为印度赢得了"世界办公室"的美誉。

信息技术产业在印度的发展中发挥了非常重要的作用，给印度经济、社会打下了深深的烙印。根据印度软件和服务业企业行业协会（NASSCOM）以及印度商务部品牌权益基金会（IBEF）2018年9月的统计，印度信息技术产业2016年的总产值达到了1 600亿美元，占印度国内生产总值的7.7%[1]，带动直接就业的技术人员400余万人；2017年，印度信息技术产业产值高达1 810亿美元，并有望在2025年突破3 500亿美元；从2009年到2018年十年间，印度一直保持全球IT服务采购市场50%强的比例，2017年占全球服务采购业务的55%，全球业务流程管理（BPM）采购业务的38%，成为全球IT采购最受欢迎的目的地之一；2018财政年度，印度信息技术产业出口达到1 350亿~1 370亿美元，是印度服务贸易出口最大的部门，占服务出口总额的45%；截至2015年，印度在78个国家设立了670个离岸开发中心；信息技术产业还掀起了印

---

[1] NASSCOM 统计印度信息技术产业产值均为财政年度，财政年度从每年的4月1日至次年的3月31日。印度信息技术产业2016年的总产值达到了1 600亿美元，占印度国内生产总值的7.7%，数据为按现价计算。

度创新创业的高潮，2017年印度有5 200家IT初创企业兴起……

而在20世纪80年代以前，印度经济主要以农业为主，农业一直是GDP的主要贡献者（1980年第一产业占GDP比重为40%），信息技术产业能够在这样的一个落后农业国发展起来，这本身就是一个了不起的成就。印度与大多数发展中国家依赖制造业的出口带动经济增长的路径不同，印度在缺乏核心技术和金融资本，道路、机场和集装箱码头等基础设施非常匮乏的情况下，依靠信息技术产业的软件及IT服务出口（1980—2012年的复合年均增长率高达47.2%[1]；1985年印度IT部门出口额仅为5 200万美元，到2017年出口额已达1 260亿美元），极大缓解了印度商品贸易账户赤字，走出了振兴民族经济的新路子。印度信息技术产业已成为印度经济保持高速增长不可或缺的一部分，该产业已经成为印度与世界经济贸易和金融接轨的核心，深深嵌入了当代印度经济结构以及经济决策框架中。

当前，莫迪政府正积极实施"数字印度"策略，意图以信息化促进印度经济社会发展。随着云计算、大数据分析等技术的快速发展和广泛运用，信息技术作为一种典型的通用目的技术（General Purpose Technologies，GPT），具有的普遍性、渗透性、带动性、革新性、互补性、倍增性等特点，将对印度经济的增长产生更为深远的影响。印度信息技术产业不仅在GDP、就业和外汇收入方面对经济做出贡献，还将通过信息技术的扩散进一步影响其他经济部门的生产能力和效率。此外，印度作为世界第二大人口大国（根据世界银行数据，2018年印度人口为13.39亿），其终端用户市场正在迅速发展，拥有9.37亿手机用户，2.78亿互联网用户，IT产业的国内市场潜力巨大。[2] 2016年的埃森哲报告《五项举措开启数字平台制胜之门》认为，到2020年，美国、中国和印度有望主导数字平台经济。可见，印度信息技术产业不仅是印度经济极为重要的组成部分，也是印度在全球经济舞台上最耀眼的一抹亮色。

事实上，从英迪拉·甘地开始，印度精英一直强调发展信息技术产

---

[1] Sahoo B K. Total factor productivity of the software industry in India[R]. Working Paper, 2013: 3.
[2] Singh I, Kaur N. Contribution of information technology in growth of Indian economy[J]. International Journal of Research Granthaalayah, 2017, 5(6): 2394-3629.

业，甚至倡导把信息技术产业当成印度发展的基石。①那么，在一个底子薄的农业国，印度信息技术产业是怎样发展起来的，到底是哪些要素促成了印度信息技术产业的发展？印度信息技术产业的发展给发展中国家实施跨越式发展带来哪些启示？对数字经济时代我国新一代信息技术产业发展又有哪些启示？这些都是我们值得思考的问题。

因此，本书具有很强的理论和现实意义。

第一，通过对1956年印度马哈拉诺比斯工业化战略以来的宏观经济发展大背景分析，帮助我们在理解印度宏观经济运行的前提下把握印度信息技术产业发展的各个阶段，梳理其发展脉络和特征。

第二，有利于深刻把握印度信息技术产业发展的原因所在。印度信息技术产业是如何发展起来的？哪些因素在其中起到了重要作用？为什么印度的软件及IT服务业比硬件发展要好很多？通过对"政府""生产要素""需求条件""信任条件""产业集群""机会"六要素相互作用、相互强化的系统分析，在理论和实证上阐释了印度信息技术产业的发展原因。

第三，印度信息技术产业的发展证明了发展中国家经济保持持续增长和发展可以立足国情，从截然不同的起始条件出发，遵循不同的增长模式和轨迹来实现。

第四，印度信息技术产业发展所产生的经验和教训，对数字经济时代中国发展新一代信息技术产业具有一定的启示意义，有利于我国制定适宜的IT政策，将信息技术产业塑造成经济增长和发展的驱动器。

第二节　核心概念的界定

信息技术产业，通常是指"运用信息手段和技术，收集、整理、储存、传递信息情报，提供信息服务，并提供相应的信息手段、信息技术等服务的产业，包括信息处理和服务产业、信息处理设备行业、信息传

---

① Singh N. Information Technology and Its Role in India's Economic Development: A Review[M]//Development in India. Springer, New Delhi, 2016: 283-312.

递中介行业"[1]。

但印度信息技术产业有其特殊的构成，传统意义上，印度信息技术产业分为三个部门：软件、硬件、IT 服务及业务流程外包（BPO[2]）。随着印度信息技术产业中的服务外包在全球服务外包市场价值链中的地位攀升，目前已经兼具从低端到中端再到高端的 ITO—BPO—KPO[3]三种业态类型。因此，印度的信息技术产业可以分为：硬件、软件、ITES-BPO（表示由 IT 带动的服务和业务流程外包，合放在一起，统称软件服务外包）、KPO（知识流程外包）四个部门。而印度 NASSCOM 对信息技术产业的统计，细分为五大部分：① IT 服务业（IT Services）；② 业务流程外包（BPO）；③ 打包软件（Packaged Software）；④ 硬件（Hardware），指 IT 领域的硬件产品；⑤ 研发与工程（R&D and Engineering）。在统计口径上，印度储备银行（Reserve Bank of India，RBI）与 NASSCOM 不同，RBI 把印度信息技术产业分为：IT 服务业、BPM、软件产品开发和工程服务三个部门。[4]实质上，上述③ 打包软件（Packaged Software）与⑤ 研发与工程（R&D and Engineering）合并起来，与 RBI 统计分类的"软件产品开发和工程服务部门"包含的内容基本相同，只是 RBI 没有把硬件部门纳入。

值得说明的是，鉴于印度信息技术产业实际发展情况，也为了摆脱印度信息技术产业处于价值链低端的刻板印象，从 2013 年起，印度 NASSCOM 发布年度报告开始用 BPM（业务流程管理）代替 BPO；同时，从 2015 年开始，把电子商务开始纳入信息技术产业进行产值统计。

从上面分析得知，印度信息技术产业再具象化一点，在广义上实际可以分为三个部分，基于生产或者产品线程划分为：服务部门、产品部

---

[1] 董志学. 中国汽车产业与信息技术产业耦合发展研究[D]. 首都经济贸易大学，2016: 18.

[2] BPO（业务流程外包 Business Process Outsourcing，简称 BPO）就是企业将一些重复性的非核心或核心业务流程外包给供应商，以降低成本，同时提高服务质量，兼具知识密集型和劳动密集型双重特征。

[3] ITO 强调技术领域的外包，主要包括 IT 软件开发、硬件维护、基础技术平台整合等；BPO 强调业务流程管理，重点解决业务流程和运营效益问题，如业务流程分拆后的数据信息采集、集成、分析委托外包服务，人力资源管理服务、供应链管理服务等；KPO 更注重高端研发活动外包。

[4] Reserve Bank of India. (2016). Survey on Computer Software & Information Technology Enabled Services Exports[R]. RBI, 2014-15.

门、硬件部门[①]。其中，由于软件产品不涉及进口税，而硬件产品、零部件和外围设备的进口税从5%到40%不等及其他因素影响，占主导地位的是劳动密集型兼具技术密集型的软件和BPO，而资本密集型的硬件产业份额不断下降。

总之，结合印度储备银行、NASSCOM以及印度本土信息技术产业研究者的考察，可以清晰化描述出印度IT产业四大类结构：IT服务业（IT services）；业务流程管理（BPM）；软件产品及工程服务业（Software products and engineering services）；硬件（Hardware），如图1.1所示。

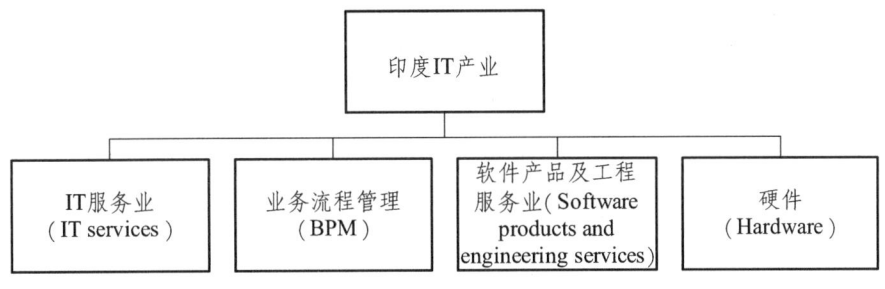

图1.1 印度信息技术产业构成

印度信息技术产业在四大类的基础上可以进一步细分为以下内容。

① IT服务业（IT services）包括三个子部门，也就是项目导向服务（Project Oriented）、外包服务（Outsourcing）、支持和培训服务（Support &Training）。其中项目导向服务又细分为IT咨询、系统集成、自定义应用程序开发（custom application development）、网络咨询及集成、软件测试；外包服务（Outsourcing）包括应用程序管理服务（Application management）、信息系统外包（IS Outsourcing）、其他面向服务的架构（SOA）以及网页服务、电子商务、电子政务类外包；支持和培训服务包括软件应用及支持、硬件应用及支持，IT教育及培训。

② 业务流程管理（BPM）名义上也根据为客户提供的运营服务划分为两类，横向类BPM和垂直行业类BPM。横向BPM包括客户互动服务（如客户语音服务）、财务和会计、人力资源管理、采购和物流、知识服务、其他横向服务；垂直行业特定的业务流程外包服务，如传统的有银

---

① 尽管硬件很多时候也是产品，但由于印度IT产业的特殊构成，特把硬件部门独立列出。

行、金融服务和保险（BFSI）、电信,新兴的有零售、医疗保健和政府应用等方面的垂直领域。

③软件产品及工程服务业（Software products and engineering services）实际上分为软件产品一类与工程服务两类；软件产品大类又包括系统软件、企业应用软件和垂直行业应用软件；工程服务又包括研发、离岸软件产品研发（OSPD）。

④硬件（Hardware）包括个人电脑、网络设备、存储及安全硬件、服务器、打印设备、超级计算机、数据处理设备、外围设备（监视器、键盘、磁盘驱动器、标绘器、调制解调器、开关式电源、扩展卡）。

此外,由于印度信息技术产业发展的特性,很多时候把硬件部门之外的其他部门统称为软件及服务部门或软件及IT服务部门。

第三节 研究思路

本书主要运用经济学方法,围绕印度信息技术产业发展的成因等核心问题展开研究,主要从印度经济发展变迁背景下对印度信息技术产业发展的历程、现状及特征的系统梳理入手,对波特的"钻石模型"要素进行改良,得出印度信息技术产业发展六要素,作为印度信息技术产业发展原因的分析框架,以考察印度信息技术产业发展的成因,并总结印度信息技术产业发展的经验和存在的问题,从而对我国信息技术产业特别是新一代信息技术产业发展提供借鉴。

第四节 创新与不足

本书在内容上有以下创新。

（1）对印度信息技术产业的软件、硬件等子部门的具体发展情况、差异缘由进行了全面系统的分析,这在国内既有研究中是非常少见的。区别于一些研究认为印度信息技术产业是政府放任的结果或者说是政府积极引导的结果,本书通过其发展历程得出结论,认为既是印度政府放松管制的结果,也是政府积极引导的结果,这是个双向的过程。

(2)建立了一个新的解释框架去阐释印度信息技术产业的发展原因。印度IT产业的主体从属于服务业和服务贸易范畴,其发展历程规避了自然资源条件的制约,出口市场和业务目的地主要在北美和欧洲,国际范围竞争性明显。正是由于这个原因,印度信息技术产业甚至一度被人们称之为服务外包业。可以看出,印度信息技术产业的发展很大程度上依赖其产业竞争力,特别是其国际竞争力的提升。为此,本书在波特的产业竞争力理论基础上,从印度信息技术产业发展的具体情况出发,对"钻石模型"要素进行改良,得出印度信息技术产业发展六要素,即"生产要素""政府""产业集群""需求条件""信任条件""机会",并且强调六大要素是个系统,各要素并不是孤立的发生作用,在彼此强化过程中,因果关系逐渐模糊,其中一个要素的变动有可能会对其他要素的状态造成一定影响,产业的某一项要素优势有可能会创造或提升其他要素的优势,甚至具有补偿效应。长期来看,印度正是交错运用了这六大要素,才形成了自我强化优势,形成了该产业快速发展的局面。

但由于缺乏产业的中观相关数据比如产业投资数据、金融支持规模、市场需求增长率、研发投入、财政支持等数据,本书无法从计量上更深化、更直观地显示六大要素的具体作用,也缺乏对印度信息技术产业发展效率的评估。

第二章 文献综述

在过去的三十年里，印度信息技术产业奇迹般地飞速发展，以茶叶、珠宝和服装出口闻名的印度，如今一跃成为美国之后世界第二大的软件出口国。作为全球从事 BPM 业务最多的国家，印度在信息技术产业的软件服务外包领域成功建立了极富竞争力的产业优势，对印度经济发展和国际形象树立发挥了重要作用。印度信息技术产业的跨越式发展，引起了国内外学者的极大兴趣和研究热潮，其中以印度信息技术产业的核心部分——软件服务外包研究最多。

为什么印度是信息技术产业而不是其他技术密集型产业（除了制药业外）能够在世界居于一席之地，甚至在日益竞争激烈的全球信息技术产业某些细分领域占据领先地位？按照信息化水平传统指标（如每千人拥有的个人电脑数量、网络用户数、电话接入量、每百万人中的科学家和工程师数量）来看，印度的数据是落后的，因此对于印度信息技术产业的发展原因，大量专家学者从不同角度进行了解析。

第一节 资源禀赋说

Kapur 和 Ramamurti（2001）[1]认为是低成本和高质量的人力资源，使印度软件部门获取了比较优势，规避了基础设施差，金融资本不足的缺陷。Desai 等（2001）[2]进一步指出印度软件开发成本只是美国的 1/3 或

---

[1] Kapur D, Ramamurti R. India's emerging competitive advantage in services[J]. Academy of Management Perspectives, 2001, 15(2): 20-32.
[2] Desai M A, Kapur D, McHale J. The fiscal impact of the brain drain: indian emigration to the US[C]//Weekly Political Economy Discussion Paper. Harvard University. www.wcfia.harvard.edu/seminars/pegroup. 2001.

1/4。Arora 和 Athreye（2002）①、景瑞琴（2007）②、黄筱楠（2013）③认为印度软件部门的成功主要来自 IT 人力资源的绝对和相对优势。Upadhya（2007）④通过分析班加罗尔的 IT 就业结构，指出印度信息技术产业成功的一个原因在于利用了现有的主要由高等和中等种姓组成的城市中产阶级文化资本，包括他们的教育程度、英语知识及一定程度西化的社会取向和习惯。Arora 和 Bagde（2010）⑤考察了印度、以色列和爱尔兰这三个软件出口取得成功的国家，认为取得成功的一个共同因素是人力资本，特别是工程师供应的作用，而印度 IT 工程师的培养主要来自私营部门即私人资助的私立学院。Sahoo（2013）⑥利用 Malmquist 生产率指数（MPI）去测量 1999—2008 年印度软件企业全要素生产率（TFP）及其构成要素的变化，实证显示出口和人力资本被认为是 TFP 增长的最重要因素，R&D 在 TFP 增长中几乎没有什么作用，这可能是因为印度软件公司处于价值链低端的缘故。杨思帆（2010）⑦、Krishna 等（2017）⑧认为印度软件服务外包的竞争优势主要来自人力资源优势和政府支持。

第二节　政府作用说

Lal（2001）⑨考察了制度环境对印度信息技术产业增长的影响。研究

---

① Arora A, Athreye S. The software industry and India's economic development[J]. Information economics and policy, 2002, 14(2)
② 景瑞琴. 人力资本与国际服务外包[D]. 复旦大学，2007.
③ 黄筱楠. 印度软件行业的人力资本研究[D]. 云南财经大学，2013.
④ Upadhya C. Employment, exclusion and 'merit' in the Indian IT industry[J]. Economic and Political Weekly, 2007: 1863-1868.
⑤ Arora A, Bagde S K. Human capital and the Indian software industry[R]. National Bureau of Economic Research, 2010.
⑥ Sahoo B K. Total factor productivity of the software industry in India[R]. Working Paper, 2013.
⑦ 杨思帆. 当代印度高校与高技术产业的联结研究[D]. 西南大学，2010.
⑧ Krishna S, Ojha A K, Barrett M. 12 Competitive Advantage in the Software Industry: An Analysis of the Indian Experience[J]. Information Technology in Context: Studies from the Perspective of Developing Countries: Studies from the Perspective of Developing Countries, 2017.
⑨ Lal K. Institutional environment and the development of information and communication technology in India[J]. The Information Society, 2001, 17(2): 105-117.

表明，在1991年前，政府追求的是一种结构主义的经济发展方式。1991年自由化后，政府开始推行积极的经济政策，以便传播和生产信息技术。因此，信息技术产业在国内和出口市场经历了前所未有的增长速度。政府以政策形式创造的制度环境对经济发展有较大影响，具体而言出口促进区政策、自由贸易区政策、出口促进资本货物计划、免税及退税计划、技术政策、人力资源政策极大地影响了信息技术产业发展。Kapur（2002）[①]对印度100家最大的IT企业调研的结果显示，只有CMC有限公司是公营企业，但这唯一的IT公营企业也在2001年私有化了。

由此，Kapur认为，印度信息技术产业主要由私营企业在全球市场竞争而得以发展，政府的规制相对有限，特别是软件企业产出的非实物性产品特性，抑制了政府机构从地方税到关税等方面的干预。Bajwa（2003）[②]揭示了自由化时代印度政府在信息和通信技术方面的政策实施及影响和后果，探索促进信息与通信发展的主要政策以及不同政策产生的相应反应。尽管政府在IT各部门的作用不同，但由此推断政府在信息技术产业发展过程中没有发生作用肯定是有失偏颇的。Desai（2003）[③]考察了印度发展信息技术产业的基础设施情况，认为软件技术园区（STP）、出口促进区（EPZ）解决了IT企业发展所需要的宽带连接、电力等基础设施瓶颈问题，国家的教育政策、关税政策、外资政策、金融政策、劳动法等系列政策的改造形成了印度信息技术产业发展的动力。Dossani（2005）[④]梳理了自1974年以来印度软件产业的发展历程，认为与爱尔兰和以色列的离岸软件外包产业不同，印度本土IT企业是通过将程序员送到海外开展离岸外包并开创软件外包产业的，主要是由于政府阻碍私营部门的政策造成的；20世纪80年代中期，印度在岸外包增多，原因在于印度系列新政策对外国公司更友好；自20世纪90年代以来，信息技术产业的附加值有所增加，是跨国公司对新政策反应的结果。

[①] Kapur D. The causes and consequences of India's IT boom[J]. India Review, 2002, 1(2): 91-110.
[②] Bajwa G S. ICT policy in India in the era of liberalization: Its impact and consequences[J]. Global built environment review, 2003, 3(2): 49-61.
[③] Desai A. The dynamics of the Indian information technology industry[J]. Center for New and Emerging Markets, London Business School, Apr. Available online: http://www.london.edu/cnem/Faculty/S_Commander/india27603.pdf.Access Date: Sept, 2003, 6: 2004.
[④] Dossani R. Origins and growth of the software industry in India[J]. Available at: www.iis-db.stanford.edu/pubs/20973/Dossani_India_IT_2005.pdf, 2005.

制度环境的重要性以及企业家对制度环境的反应如何影响一个产业的发展。杜振华（2001）[①]、Mathur（2006）[②]考察了印度信息技术产业发展的历程后指出，印度信息技术产业的发展得益于20世纪80年代以来的国家政策，政府良好的愿景发挥了很大作用，特别是政府与印度高科技移民的互动关系，软件技术园的设置，产业集群和公私合营的出现促进了IT业的发展。Dossani和Kenney（2007）[③]认为，外包业务的增长与印度IT行业早期相关促进监管和其他制度环境发展密切，研究中特别提到跨国公司发挥了关键作用，建议发展中国家采取相应的政策措施促进信息技术产业发展。姜爱华、李辉（2008）[④]，Kadam（2017）[⑤]把印度软件的成功归因于资源禀赋的良好组合、政府的正确定位、积极推广和鼓励，以及产业发展良好环境的塑造。还有一些IT政策对地方比如班加罗尔、海得拉巴等地的IT产业发展的促进类研究文章，都指出政府政策对于产业发展的重要性。[⑥]

第三节　产业集群说

Dayasindhu（2002）[⑦]建立了一个动态的信息技术产业全球竞争力理论框架，该框架利用交易成本经济学的行为驱动因素如信任和经验影响来描述信息技术产业集群中组织之间的嵌入性关系。由于产业集群具有外部经济、普遍互惠和专业化，因此产业集群的形成是印度信息技术产

---

① 杜振华.印度政府在发展软件产业中的主导作用[J].宏观经济研究,2001(3): 52-55.
② Mathur S K. Indian Information Technology Industry: Past, Present and Future& A Tool for National Development[J]. Journal of Theoretical and Applied Information Technology, 2006, 2(2): 50-79.
③ Dossani R, Kenney M. The next wave of globalization: Relocating service provision to India[J]. World Development, 2007, 35(5): 772-791.
④ 姜爱华,李辉.印度政府在服务外包产业发展中的作用及借鉴[J].宏观经济研究, 2008（9）: 74-79
⑤ Kadam P V. Competitiveness of Software Industry of India[D]. Goa University, 2017.
⑥ Biswas R R. Making a technopolis in Hyderabad, India: The role of government IT policy[J]. Technological Forecasting and Social Change, 2004, 71(8): 823-835.
⑦ Dayasindhu N. Embeddedness, knowledge transfer, industry clusters and global competitiveness: a case study of the Indian software industry[J]. Technovation, 2002, 22(9): 551-560.

业与中国、菲律宾和马来西亚等竞争对手在竞争中获取优势的关键。蓝庆新（2004）[①]通过产业集群内在经济机理分析，从学习效用和区域资源利用能力以及信息不对称引发的"柠檬问题"经济规避能力两个角度论证印度软件业具有很强的竞争力。Kauffman（2007）[②]从产业集聚的角度解释印度信息技术产业发展，认为IT厂商的集聚给单个IT企业带来了外部规模经济，对于信息技术产业增长具有正外部经济效应。Balatchandirane（2007）[③]进一步强调IT集群的演进是印度信息技术产业崛起的推动因素之一。曾琰（2008）[④]主要研究了产业集群的非物质联系如社会网络、信任、规范等社会资本要素，通过对印度产业集群中社会资本的作用机制和实际效用进行分析，认为集群内部的信任有利于知识扩散和功能创新，从而促进了信息技术产业发展。

第四节　质量标准说

Issac 和 Rajendran（2004）[⑤]、黄飞雪等（2005）[⑥]、Rothenberger 和 Kao（2010）[⑦]等通过实证证明具有严格管理流程或获得国际质量标准的印度软件企业比非标准企业具有更大的竞争力，认为质量认证和管理是印度IT企业发展的重要推动力。Gregory（2009）[⑧]在宏观和微观基础上

[①] 蓝庆新. 从印度软件业发展看产业集群的内在经济效应[J]. 南亚研究季刊，2004（1）：18-21.

[②] Kauffman R J, Kumar A. Scale and scope externalities in growth of it industries in india: An agglomeration perspective[C]//System Sciences, 2007. HICSS 2007. 40th Annual Hawaii International Conference on. IEEE, 2007: 226a-226a.

[③] Balatchandirane G. IT Clusters in India[J]. Discusión Paper, 2007 (85).

[④] 曾琰. 印度IT产业集群的特点及其社会资本效用探析[J]. 现代财经-天津财经大学学报，2008（10）：93-97.

[⑤] Issac G, Rajendran C, Anantharaman R N. Significance of quality certification: The case of the software industry in India[J]. Quality Management Journal, 2004, 11(1): 8-27.

[⑥] 黄飞雪，李志洁. 基于PDCA的印度软件质量保证模型研究[J]. 哈尔滨工业大学报，2005（11）：1583-1585.

[⑦] Rothenberger M A, Kao Y C, Van Wassenhove L N. Total quality in software development: An empirical study of quality drivers and benefits in Indian software projects[J]. Information & Management, 2010, 47(7-8): 372-379.

[⑧] Gregory N, Stanley D N, Tenev S. New industries from new places: The emergence of the hardware and software industries in China and India[M]. The World Bank, 2009.

对中国和印度软硬件产业发展进行实证比较，认为印度在软件产业的强势和硬件产业的偏弱是由于生产要素、管理、商业和竞争环境要素造成，其中质量标准是印度软件产业大量出口的关键。此外，Kshetri 和 Dholakia（2009）[1]指出印度软件和服务业企业行业协会（NASSCOM）对印度信息技术产业的质量标准变迁产生了深远的影响，塑造了 IT 产业格局。

第五节　印度移民网络说

Banerjee（2000）[2]，杨景厚（2000）[3]，Hira（2004）[4]认为印度在美国硅谷的 IT 移民网络有利于促进印度国内 IT 企业的发展，取得成功的印度移民给印度信息技术产业的发展带来了经验和资金以及市场，更关键的是为印度 IT 产品输出做信任背书。Saxenian（2004）[5]，Parthasarathy（2004）[6]，韩丹（2012）[7]，Dhume（2016）[8]等一致认为印度 IT 移民作为桥梁，已经成为连接美国和印度 IT 市场的重要纽带，给印度信息技术产业发展带来了机会和动力。

---

[1] Kshetri N, Dholakia N. Professional and trade associations in a nascent and formative sector of a developing economy: A case study of the NASSCOM effect on the Indian offshoring industry[J]. Journal of International Management, 2009, 15(2): 225-239.
[2] Banerjee A V, Duflo E. Reputation effects and the limits of contracting: A study of the Indian software industry[J]. The Quarterly Journal of Economics, 2000, 115(3): 989-1017.
[3] 杨景厚. 硅谷的"印度邦"[J]. 科学新闻，2000（49）：15.
[4] Hira R. US immigration regulations and India's information technology industry[J]. Technological forecasting and social change, 2004, 71(8): 837-854.
[5] Saxenian A L. The Silicon Valley connection: Transnational networks and regional development in Taiwan, China and India[M]//India in the Global Software Industry. Palgrave Macmillan, London, 2004: 164-192.
[6] Parthasarathy B. India's Silicon Valley or Silicon Valley's India? Socially embedding the computer software industry in Bangalore[J]. International journal of urban and regional research, 2004, 28(3): 664-685.
[7] 韩丹. 试论美国的印度技术移民及其影响（1965—2000）[D]. 东北师范大学，2012.
[8] Dhume S. From Bangalore to Silicon Valley and back: How the Indian diaspora in the United States is changing India[M]//India Briefing. Routledge, 2016: 103-132.

第六节 综合要素说

这类研究主要认为是各种要素共同发挥作用，推动印度信息技术产业发展或软件出口，主要代表性的有 Carmel（2003）[1]椭圆模型；Heeks-Nicholson（2004）[2]模型；Heeks（2006）[3]运用迈克尔·波特竞争优势理论的"钻石模型"去分析印度 IT 部门的竞争力及发展；Joshi-Mudigonda（2008）[4]离岸吸引力模型。Carmel 认为八大因素促成了印度软件出口成功，并提出椭圆模型，即政府愿景和政策、人力资本、工资报酬、生活质量、联系沟通、技术基础设施、资本、产业特征。Heeks-Nicholson 通过考察印度、爱尔兰、以色列三个一流软件出口国，研究促成成功的相关要素，Heeks-Nicholson 提出了软件出口成功模型，主要为五大要素，即需求（国内、国外）、国家愿景和战略、国际联动和信任、软件产业的特质、国内投入要素以及基础设施。

Heeks（2006）利用了波特钻石理论的要素，即有利的生产要素条件，高的国内需求，企业战略、结构和竞争对手，关联支持产业的存在去解释印度 IT 产业的软件部门发展，他认为劳动力和技能是最重要的要素，但波特的"国内需求"作为一个因素去解释印度软件发展的优势是行不通的。Joshi Mudigonda 提出了离岸的吸引力框架去评估印度对离岸工作的吸引力。这个框架基于三个关键因素，即主要激励因素、抑制剂、促进条件，其中主要的激励因素是离岸工作的基本驱动因素，抑制因素是作为阻碍要素出现，促进条件倾向于支持便捷的初始进入和平稳过渡，以及有效的无故障交付。

---

[1] Carmel E. The new software exporting nations: success factors[J]. The Electronic Journal of Information Systems in Developing Countries, 2003, 13(1): 1-12.
[2] Heeks R, Nicholson B. Software export success factors and strategies in 'follower' nations[J]. Competition and Change, 2004, 8(3): 267-303.
[3] Heeks R. Using competitive advantage theory to analyze IT sectors in developing countries: a software industry case analysis[J]. Information Technologies & International Development, 2006, 3(3): 5-34.
[4] Joshi K, Mudigonda S. An analysis of India's future attractiveness as an offshore destination for IT and IT-enabled services[J]. Journal of Information Technology, 2008, 23(4): 215-227.

我国的赵璐（2003）[①]、赵建军（2004）[②]、陆履平、杨建梅（2005）[③]等人认为，印度 IT 产业特别是软件服务外包的成功除了有政府扶持、市场需求、生产成本、人力资源、质量管理、知识产权保护和语言等因素，还有制度和人脉两个重要因素。此外，胡国良（2007）[④]通过中印软件服务外包竞争力比较研究，认为印度的优势主要在于人力资源及成本、管理能力、国际经验与市场开拓、产业分工。朱福林（2015）[⑤]选取了 13 个影响印度服务外包竞争力因素的指标数据，运用邓氏灰色关联分析法测算了印度信息技术外包及业务流程外包的主要影响因素，认为知识产权、商务环境等因素对竞争力影响最大。

总之，上述研究表明，单一要素说仅仅强调了产业发展的某个主导要素，并不能完全解释印度信息技术产业迅猛发展的原因，比如有人认为印度信息技术产业发展的优势在于充沛且廉价的 IT 人力资源，然而，为什么印度其他高科技产业并没有像信息技术产业一样利用廉价、丰盈、高效的劳动力走向国际市场呢？况且印度信息技术产业的人力成本也在不断增加；而综合要素说认为印度信息技术产业的发展是各种要素共同发挥作用，这比单一要素论的解释力更强大，比如 Carmel 的椭圆模型；Heeks Nicholson 模型；Joshi Mudigonda 离岸吸引力模型；还有 Heeks 运用迈克尔·波特竞争优势理论的"钻石模型"去分析了印度 IT 部门的竞争力及发展。这些模型研究揭示了印度信息技术产业或者软件出口成功的基本要素，所有的模型都是相似的，从这个意义上说，这些模型并没有给波特的"钻石模型"带来任何新意。这给本书很大启发，即"钻石模型"所具有的特定理论框架并不能简单套用，也不能孤立地对各要素的作用进行分析，必须结合印度信息技术产业的发展历程、特征进行改良，吸取"钻石模型"六要素的合理成分，对其进行调整。

[①] 赵璐. 印度软件产业的发展状况及其动因分析[D]. 四川大学，2003.
[②] 赵建军. 印度 IT 产业是怎样腾飞的[J]. 中国国情国力，2004（2）：35-38.
[③] 陆履平，杨建梅. 硅谷、班加罗尔 IT 产业成功之启示[J]. 科技管理研究，2005（1）：102-107.
[④] 胡国良. 中国、印度软件外包业国际分工、发展模式及竞争力比较[J]. 世界经济与政治论坛，2007（6）：18-22.
[⑤] 朱福林. 印度服务外包竞争力影响因素分析——基于灰色关联度方法的实证[J]. 世界经济研究，2015（5）：90-97.

第三章　印度信息技术产业发展的主要历程

印度信息技术产业是在印度宏观经济发展的大背景下逐步发展起来的，大体经过四个阶段的发展进程。第一阶段，在印度非均衡发展宏观经济战略及严格限制的产业政策下，信息技术产业远未形成，从最初的计划经济主导下的"猎身"①开始发轫；第二阶段，在20世纪80年代，印度为加强现代化的动力，以实现经济和技术上的自力更生，印度政府明确提出"重视电子工业对广泛的经济活动的支持作用"，整体产业政策从严格管制走向半自由化，20世纪80年代印度信息技术产业取得了初步发展；第三阶段，随着拉奥改革的开启，印度经济发展理念转向新古典主义经济学，支持自由市场经济，从管制约束的内向型经济转变为适应市场需要的外向型经济，这个阶段整个信息技术产业取得了快速发展，特别是软件产业开始在国际市场崭露头角；第四阶段，进入21世纪，信息技术产业在机遇及挑战中迎来了发展的起飞阶段，信息技术（IT）正日益成为服务业的技术基础设施，印度信息技术产业在国民经济中的地位日益重要，成为印度的一张亮丽的名片。

---

① 项飚在《全球"猎身"——世界信息产业和印度的技术劳工》中认为，软件开发和软件服务是高度劳动力密集型的产业，在编程、测试和检错（排除程序设计中的错误）的阶段尤其如此。大多数被猎身到海外的印度IT工人正从事这些沉闷乏味、单调且收入偏低的所谓"驴活"。正因如此，猎身被称为猎身（而非"头"），简单劳动也，"猎"者，迅捷寻找和购买也。这与针对高级IT职位和其他专业的"猎头"一词相对应。猎身"body-shopping"模式，即印度软件专业人员被带到国外客户所在地进行项目操作，好处是猎身模式使得印度技术人员在跟随西方发达国家的专业人员工作中获取了经验，但也带来了人才流失。

第一节 计划经济主导下信息技术产业的启动

1956年，印度通过马哈拉诺比斯工业化战略，确立了以公营经济为主导、公私并举、以计划为主体的混合经济模式，该模式强调进口替代，把投资重心倾向于资本货物生产部门，大量进口工业化所必需的机器设备、工业原材料，有力促进了重工业和基础工业的发展。"二五"期间，印度对工业投资总额为180亿卢比，占"二五"计划投资总额的27%，其中70%的投资流向了重工业的公营部门。经过"二五""三五"，印度初步建立起整个国家的工业体系。在非均衡发展下，印度农业、重工业、轻工业发展失衡。尽管印度的进口替代战略实行了结构性进口限制，鼓励制成品出口，但由于进口刚性，导致了持续的贸易逆差，国际收支不断累积出巨大缺口。1956—1968年贸易逆差常年保持在30亿~90亿卢比，如表3.1所示。

表3.1 印度1956—1968年贸易收支数据（单位：亿卢比）

年份	进口	出口	贸易逆差
1956	110.2	63.5	46.7
1957	123.3	59.4	63.9
1958	102.9	57.6	45.3
1959	93.2	62.7	30.5
1960	110.6	63.1	47.5
1961	100.6	66.8	33.8
1962	109.7	68.1	41.6
1963	124.5	80.2	44.3
1964	142.1	80.1	62.0
1965	135.0	78.3	56.7
1966	199.2	108.6	90.6
1967	204.3	125.5	78.8
1968	174.0	136.7	37.3

数据来源：印度储备银行，根据RBI整理。

与此同时，印度财政收支赤字一路飙升。1967年财政赤字高达201.4亿卢比，其后几年财政赤字一直没有得以改善（见表 3.2），政府面临巨大财政压力，对外汇的需求空前高涨。

表 3.2　印度 1960—1969 年财政收支数据　　（单位：亿卢比）

年份	财政支出	财政收入	财政赤字
1960	256.3	172.0	84.3
1961	295.7	190.2	105.5
1962	338.5	208.8	129.7
1963	428.4	305.0	123.4
1964	488.0	329.1	158.9
1965	560.5	382.8	177.7
1966	614.3	420.2	194.1
1967	648.1	446.7	201.4
1968	664.7	488.3	176.4
1969	737.5	553.3	184.2

数据来源：印度储备银行，根据 RBI 整理。

20世纪70年代初，印度经济社会发展已经进入到第四个五年计划（1969—1973）[①]。此时，印度经济依然是由国家计划经济控制，上述经济情况并没有好转，为了给五年计划筹措资金，印度不得不借助外援，扩大财政赤字，由此也带来更大的通货膨胀压力。但这个阶段印度国际收支中的无形收支净额开始大量增加，仅在1973年无形收支净额就高达168亿卢比，在一定程度上缓解了国际收支的缺口。[②]

无形收支一部分来自技术服务、咨询收入，更多的来自印度公民出国就业侨汇的增加。侨汇成为印度外汇储备的重要组成部分，成为平衡国际收支的稳定来源。1975年，印度侨汇为119.8亿卢比，1976年增长

[①] 印度"一五"计划是 1951-52～1955-56；"二五"计划是 1956-57～1960-61；"三五"计划是 1961-62～1965-66。"三五"计划之后是 1966-67, 1967-68, 1968-69 三个年度计划。

[②] 印度国际收支分为经常项目和资本项目，经常项目包括：有形商品进出口；无形贸易比如银行、保险服务等；单方转移。

到 158.6 亿卢比，较上年增长 32.4%；1977 年增长到 211.7 亿卢比；1978 年为 228.5 亿卢比，按当前价格计算相当于国民收入的 2.7%。[①]在 1990 年前，印度侨汇主要来源地是海湾地区，主要方式为向中东国家输出工程类技术人员及劳工。

为了获取更多侨汇，在 20 世纪 70 年代初期，印度政府鼓励印度公司在劳工部注册，招募技术工人到海外工作，而与印度信息技术产业紧密相关的技术劳务出口——"猎身"体系拉开了序幕（所谓"猎身模式"即印度公司将他们自己的工作人员派到海外为客户提供现场服务，在海外工作完成之后回到原来的公司）。印度信息技术产业也由此发轫于 20 世纪 70 年代初，通过"猎身"，由塔塔咨询服务公司（TCS）为海外的全球 IT 公司提供程序员开始（TCS 是在孟买成立的出口导向型软件服务公司，为欧美国家提供软件技术人员咨询服务起家）。当时印度政府的高关税、外汇使用管控以及严苛的许可证制度进一步刺激了"猎身"的发展，既然外国公司进不来，创新性的解决办法就是外派程序员到发达国家去。印度信息技术产业工人高质量、低成本的服务给欧美客户留下了深刻的印象。最初的印度 IT 工人现场服务为印度信息技术产业紧跟国际 IT 的前沿趋势、学习 IT 界的先进管理经验造就了客观优势。

第二节 20 世纪 80 年代印度信息技术产业初步发展

1980 年，印度进入"六五"计划，1950—1978 年，在经过五个五年计划及三个年度计划，印度已经建立了与满足国家需求基本相称的基础设施。通过表 3.3 可以看出，除了"三五"在计划的最后一年，经济受到严重干旱的冲击之外，其他五年计划期间的国民收入增长率都保持在 3% 至 5% 之间增长，这是一项重大的成就。但是，除了"一五"和"五五"计划外，实际增长率都低于计划中预定的目标，国民收入增长的不足意味着相应的人均收入目标水平的不足，考虑到人口增长，实际人均 GDP 年增长只有 1.38%。

[①] 曾向东. 印度侨汇的增长及有关政策措施[J]. 世界经济，1980（4）：62-67.

表 3.3　目标与实际增长率（%）①

计划	预计目标	实际	增长率（内容）
"一五"	2.1	3.6	国民收入
"二五"	4.5	4.0	国民收入
"三五"	5.6	2.2	国民收入
"四五"	5.7	3.3	国内生产净值
"五五"	4.4	5.2	国内生产总值

数据来源：印度计划委员会，6th Five Year Plan。

为此，如何加强现代化的动力，以实现经济和技术上的自力更生，成为第二次当选印度总理的英迪拉·甘地政府的主要目标。英迪拉·甘地意识到电子信息技术、新能源技术等新科技革命正成为世界经济的潮流，科学技术作为印度社会和经济变革工具的重要作用需要得到重视，必须利用好科学技术为工业和国民经济发展服务，利用科技解决印度工业产出率低下及国家的贫困问题，进而，科学技术及其应用被列入"六五"规划的重要内容。

"六五"计划中，印度政府明确提出"重视电子工业对广泛的经济活动的支持作用"②，将科学和技术（S 和 T）视为五年计划的一个单独组成部分。该计划的一项主要工作就是确保科学和技术渗透进入到国家的每个部门。为节约外汇和国家安全的考虑，计划强调国内科技在进口替代中的应用，强化公营和私有部门的内部研发，推动新的领域包括电子、空间科学等高科技领域的持续增长。印度中央政府在信息技术产业相关部门的支出比"五五"期间有了较大增长（见表 3.4）。

表 3.4　信息技术产业相关部门支出　　　（单位：千万卢比）

目类	"五五"（1974—1979）	"六五"（1980—1985）
电信部门	1 149.45	2 336.00
邮政服务	24.18	172.00
印度电话部门	52.85	155.00
印度斯坦电传打印部门	3.00	14.00
总计	1 229.48	2 672.20

数据来源：印度计划委员会，根据 6th Five Year Plan 整理。

---

① 在"五五"之前，印度在衡量经济发展一般以国民收入或 net domestic product（NDP）为标准，"五五"是第一次以国内生产总值（GDP）为指标。
② 鲁达尔·达特等. 印度经济（下册）[M]. 成都：四川大学出版社. 1994：256.

与此同时，英迪拉·甘地政府鼓励"进口替代与促进出口相结合"，开始了发展高技术和促进技术更新换代的贸易自由化政策。在"六五"计划指导思想下，一系列有利于信息技术产业发展的政策也相继颁布，从严格管制走向半自由化。1981年11月印度政府宣布计算机进口政策，把计算机软件出口和硬件进口捆绑，放宽了计算机相关的设备、技术的进口，在带来计算机硬件部门发展的同时客观上也促进了软件的出口。1983年印度计算机硬件销售额为9 600万美元，是1978年900万美元的10倍多；软件出口从1980年的300万美元，猛增到1984年的2 200万美元。①

印度政府还专门为海外通信服务计划（OCS）制定了85亿卢比的预算，铺设从孟买到海湾地区的向西海底电缆链路，建立与国际海事卫星组织等合作的设施等。在具体的电子信息行业，印度政府大力推动大规模微电子技术开发及其在微处理器和计算机系统中的应用，研发高效可靠的远程通信、卫星技术、过程控制等所需的软件系统，支持建立电话设备、数字电话、微波和线路系统，UHF／VHF和环境实验室设施，开展VHF和UHF频段的信道化计划等。

在"六五"末期，1984年10月31日，印度总理英迪拉·甘地遇刺身亡，其子拉吉夫·甘地在紧急状况下继任总理。拉吉夫·甘地曾在伦敦帝国学院和剑桥大学就学，具有技术背景，他的上台成为印度信息技术产业发展的一个重要转折点。拉吉夫·甘地上任不到一个月，于1984年12月颁布印度计算机新政策（NCP-1984），包括一整套硬件和软件的进口关税减免（硬件从135%、软件从100%下降到60%），购买国产硬件及相关附件给予免税；把软件出口认定为"免除许可证行业"，即从今以后有资格获得银行融资且不受干预性许可制度的约束；允许外国公司设立独资、专门出口部门。紧接着，1985年4月12日又颁布新的进出口政策，放宽了对计算机硬件的进口，规定：① 201项工业机器设备被允许实行一般公开许可证进口（OGL），电子部门也在受益范围之内；② 对于计算机和以计算机为基础的系列进口实行双重政策，凡价值在160亿卢比以下允许所有的人进口。②新的进出口政策总体目的是提高印度国内计

---

① Signal, Arvind & Evertt M. Rogers. India's Information Revolution [M]. New Deuni: sage, 1989: 196.
② 鲁达尔·达特等.印度经济（下册）[M].成都：四川大学出版社，1994: 508-509.

算机硬件部门的生产能力，但客观上给印度软件行业的发展提供了有利条件。

其后，拉吉夫·甘地作为计划委员会主席主导了"七五"计划的制定及实施。尽管在"六五"计划实施过程中，1979年的干旱、1980年的进口石油价格急剧上涨、国际收支恶化和高通货膨胀率给印度经济系统的稳定和持续增长造成很大威胁，但印度科技战略还是取得了很大成绩，"六五"年均5.2%的增长预期得以实现。这给了印度政府极大信心，"七五"计划强调：① 加强计算机和电子产品在生产过程中的应用；② 信息和通信部门以及仪器仪表部门都是整个S和T计划必不可少的基础设施要素，这些将纳入重点发展领域；③ 充分利用与计算机、信息学、远程信息处理、微记录等相关领域的新发展，这些领域的快速发展是印度新时代的主要特征；④ 有必要建立基于新能力且可行的科学和技术信息系统；⑤ 需要广泛推广接触计算机及其使用的理念，并且广泛开展包括计算机应用方面培训课程；⑥ 建议启动全印度大多数主要图书馆的计算机化……①

"七五"计划及"用电子革命把印度带入21世纪"很快就有了实质性落地，1986年，印度第一个公共网络——INDONET网络开始运营；同年，拉吉夫·甘地政府颁布实施《计算机软件出口、开发和培训政策》，这是印度信息技术产业发展的一个标志性文件，也是印度政府在1985年宣布免除软件出口所得税、允许外资公司建立全资公司之后，对贸易保护主义政策《外汇管制法案（1973）》（Foreign Exchange Regulation Act, 1973）"除非特别许可，所有的印度居民与非居民之间禁止外汇交易"条款事实性松动，更是信息技术产业政策从进口替代—促进出口—出口导向（主要是指软件）的一个重大转变，意味着印度政府真正把计算机软件作为经济战略的一个重点。

在"七五"计划结束时，科技支出稳步增加，达到了GDP的1.12%，与信息技术产业密切相关的电子部门政府资金投入从"六五"的2.105亿卢比增长至"七五"的6.206亿卢比。印度软件出口在1989年突破了1亿美元，实现了隔年翻倍增长。②

---

① Indian Government. 7th Five Year Plan[EB/OL]. http://planningcommission.gov.in.
② Arora A, Athreye S. The software industry and India's economic development[J]. Information economics and policy, 2002, 14(2): 253-273.

第三节　20世纪90年代印度信息技术产业快速发展

拉吉夫·甘地于1991年5月遇刺身亡，拉奥在1991年6月成为印度第9任总理，当时印度正经历着资源紧缩、财政赤字，1990年实际数字为4 465亿卢比，占GDP的8.4%，国际收支逆差1 308.8亿卢比，外汇极度短缺，用财政部长曼莫汉直言"我们的经济处于崩溃边缘，通货膨胀已成脱缰之马，国际收支处于严重的危机之中，外汇储备只够两周进口，外国银行停止向印度放款，非常住印度的人也在撤走他们的存款……1991年5月以来经济呈负增长"[1]。为了渡过危机，1991年7月，印度政府颁布《新工业政策》，转向新古典主义经济学，支持自由市场经济，与国际货币基金组织、世界银行、亚洲开发银行缔结协议，主动推动了印度经济从准社会主义结构转换为自由市场体系的改革。在这个背景下，"八五"计划出台。"八五"计划的若干制度安排为印度信息技术产业的发展奠定了制度基础。

在具体电子与信息技术产业相关方面，"八五"计划规定：① 确保电子和国防研究与开发等若干高科技领域重要部门的增长；② 努力开发新兴的关键领域，例如微电子学、信息学/远程信息学、生物技术、新材料、可再生能源、海洋科学和几个基础研究领域；③ 鼓励在新兴技术领域建立先进的产业，使国家能够通过出口支付进口，同时创造更多的就业机会；④ 全面采取适当步骤，进入信息/远程信息处理时代，在特许经营的基础上提供一系列远程信息处理增值服务，包括移动服务、语音和电子邮件服务、音频和视频会议服务、无线电寻呼和视频图文服务，在电传和电报服务方面，将电传网络转换为全电子网络。

此外，在20世纪90年代印度政府还颁布了一系列有利于IT产业发展的政策。

首先，在1991年印度电子工业局建立软件技术园区中心（STPI）负责软件技术园区（STP）的实施。软件技术园提供一系列便利的基础设施，包括高速数据通信服务，给予软件行业最短的审批期，建设软件技术园

---

[1] 鲁达尔·达特等. 印度经济（下册）[M]. 成都：四川大学出版社. 1994: 691.

自有的通信网关等。在硬件方面，建立电子硬件技术园（EHTP），实际上，电子硬件技术园并不仅仅是为促进IT硬件部门发展而建立，而是面向整个电子部门的具体需求，目的是促使电子硬件部门在印度国内市场站稳脚跟后，再面向国际市场，主要有以下优惠措施：① 原材料、零部件及资本货物进口免税；② 最高允许园区企业向国内市场销售出口额50%的产品（以离岸出口价计），并只征收50%的关税。

其次，1998年，印度总理瓦杰帕伊亲自担任"国家信息技术特别工作组"组长，提出"IT业是印度能在短期内获得全球领先权的一个领域，而且数千种新的应用程序将产生高质量的就业机会，要在十年内使印度成为IT超级大国"，紧接着，印度颁布《信息技术行动计划》，该计划共323条，主要分为软件、硬件和国家长期规划方面的政策三部分，其中软件108条，硬件84条，国家长期规划政策131条。软件108条主要有完善通信基础设施、提高IT应用、强化IT普及等八个方面内容，主要目的是为进一步减少政府干预。①第二部分《信息技术硬件开发、制造与出口》强调了印度硬件发展的重要性，建议强化外资投资，将资本货物进口关税消减为零，简化进出口政策和清关手续，重点为财政优惠政策、IT企业软抵押方案、劳动法、出口、投资等建议方案。②

在"八五"计划期间电子和IT工业年均增长率20%（见表3.5），硬件部门产值稳步上升，但在1997—1998年度与1998—1999年度，计算机部门产值反而从280亿卢比下降到230亿卢比，出现了负增长，主要是由于当时激烈的价格竞争所致，尽管价值总量下降，但计算机销售数量却是正增长，按照NASSCOM的数据，1998年，印度有超过82万台个人电脑被销售出去，个人电脑普及率达到了3.2台/千人，整个硬件制造部门在过去十年平均增幅达28%～30%；③软件出口从1992年的67.5亿卢比飞跃到1998年的1 094亿卢比，增幅惊人，出口占整个软件业的67.9%；同时，应该注意到的是在此期间印度国内软件产业也取得了较好的发展。

---

① 田溯宁. 政策发威 软件发展——印度软件业的一点启示[J]. 互联网周刊, 1998（15）: 31.
② 赵建军. 印度IT产业是怎样腾飞的[J]. 中国国情国力, 2004（2）.
③ Lal K. Institutional environment and the development of information and communication technology in India[J]. The Information Society, 2001, 17(2): 105-117.

表 3.5 印度电子和 IT 产业产值（单位：亿卢比）

项目	1992—1993	1993—1994	1994—1995	1995—1996	1996—1997	1997—1998	1998—1999
消费电子	330	405	452.5	540	650	760	920
工业电子	170	175	208	240	310	315	330
计算机	130	147	195	222.5	274	280	230
通信与广播设备	280	315	325	316	300	325	440
战略电子	38.5	50	60	65	130	90	130
零件	220	260	305	360	370	440	475
软件出口	67.5	102	153.5	255	370	650	1 094
国内软件	49	69.5	107	169	260	470	495
合计	1 285	1 523	1 806	2 167	2 664	3 207	4 114

数据来源：印度信息技术局，转引自赵建军. 印度 IT 产业是怎样腾飞的[J]. 中国国情国力，2004（2）.

总之，印度一大批 IT 私营企业在印度"私有化、自由化、市场化、全球化"的改革大潮中，走上了软件服务外包见长的国际化道路。印度整体信息技术产业的增长发力中软件开发、IT 服务和硬件制造方面表现各有不同。1999 年，硬件国内产值 712 亿卢比，比 1998 年增长 49.2%，出口 60 亿卢比，比 1998 年增长 100%；软件国内产值 352.3 亿卢比，比 1998 年增长 94.6%，出口 1 529 亿卢比，比 1998 年增长 69%，占印度出口总额的 10%以上。软件出口大约是硬件出口的 30 倍，也是软件国内市场的近 5 倍，印度已经成为全球第二大软件供应服务商。①

第四节　印度信息技术产业的起飞阶段

早在"九五"计划（1997—2001）当中，印度政府就认识到信息技术包含处理信息、统计、办公自动化、数据处理、管理信息系统（MIS）、

---

① N. 维特尔等. 印度 IT 产业[M]. 北京：新华出版社. 2004: 35.

决策支持系统（DSS）、在线和实时计算机应用等信息的生成、传输，计算机网络对国民经济发展日益重要，信息技术（IT）正日益成为服务业的技术基础。但是，信息技术在印度的传播尚不充分，需要采取紧急步骤建立全国信息传播网络，促使印度在未来十年成为软件超级大国。"九五"计划制定的目标是计划在 2003 年之前为每所中学、理工学院和大学图书馆提供计算机和 INTERNET 访问，提升印度信息技术产业的质量，以满足 WTO-ITA 条款到 2003 年的零关税的要求。[①]

印度决心成为全球信息革命的领跑者，在全国启动"知识运营"活动，分阶段推广 IT 教育和基于信息技术的教育，要将 IT 文化传播到印度经济和社会生活的各个角落。1999 年，印度成立信息技术部，其后又成立内阁信息委员会，实施《信息技术法》，建议所有部委/部门预算的 1%~3%专门用于支付信息技术应用，在卫生、教育、司法和农村发展中，发挥信息技术的影响。

世纪之交，印度信息技术产业迎来了重大的机遇期，为应对新千年的到来，需要大量熟练人员来完成数据库千年虫纠正问题，以解决现存软件的兼容问题，美国程序员的短缺给印度公司提供了机会。印度公司利用这一机会，以低廉的价格和优质服务，在美国为代表的全球市场站稳脚跟，在商业软件应用如银行和工程软件方面取得了市场优势地位。印度 IT 企业不满足于低端增值服务，他们将业务拓展到保险、金融、交通等各个领域，不限于为其他公司做分包商，开始直接与客户进行联系合作，投标较大的"交钥匙"工程项目。

2000 年，印度信息技术产业产值已达 100 亿美元，其中软件部门产值占 2/3，1/3 为硬件部门，占 GDP 的 2%强，总出口的 14%，雇用了 43 万专业技术人员。软件部门又以出口为导向，其 2/3 的产出来自国外市场，不管是国内市场还是出口在过去 10 年均以超过 30%的幅度增长。2000 年，印度软件及服务出口 63 亿美元，占全球软件服务市场的份额 1.5%~2%，尽管印度的全球货物出口份额在 1990 年仅仅从 0.6%增长至 0.7%，但全球服务贸易份额却实现了翻番，从 0.6%增长到 1.2%。在 IT 企业规模上，1994 年印度只有 8 家公司的软件出口额超过 5 亿卢比，到 2000 年，有 75 家公司的出口软件及服务产值超过 5 亿卢比（约 1 100 万美元），

---

① 9th Five Year Plan. pdf. [R]. http://planning commission. gov. in.

30家公司的出口额超过20亿卢比（约4 400万美元）；在目标市场上，软件出口及服务扩展到全球102个国家，其中62%目标市场是美国和加拿大，24%是欧洲，4%是日本。在这期间，软件部门开始向价值链的上端迈进，技术日益成熟，在更多的服务和技术领域开展活动，1990年95%的软件及服务出口来自现场服务，到2000年下降为56%；研究和开发支出从1997的2.5%上升到2000年的4%强。[①]

2001年，印度颁布新的《竞争法》。在此之前，印度一直采用1969年的《垄断与限制性贸易行为法》（MRTP），在最初设计时，其主要目标在于防止经济权力的过度集中，以及防止垄断性、限制性和不公平的贸易行为。该法不仅限制企业进入新的行业，同时也限制在已有行业里的扩张，在信息技术产业发展过程中，MRTP客观上阻止了大型商业机构进入有利可图的硬件部门。但多年的实践表明，该法案不但没有促进印度经济的发展和进步，反而导致印度经济效率的下降和有效竞争的衰退，不利于印度优势产业国内市场和国际市场的发展。[②]新《竞争法》的实施在实践上促进了印度进一步放松管制，为印度IT企业的兼并扩张、国际化道路打开了方便之门，印度IT公司如TCS，Tech Mahindra Limited，Mphasis，HCL Technologies Limited，Wipro Technologies Limited，Infosys科技有限公司得以在全球扩展业务。

印度信息技术产业的初步成功振奋了印度人心，让20世纪90年代勉强接受改革的知识分子和精英对"自由化"改革的认可，印度在相对落后（特别是相比其他亚洲国家）的情况下抓住信息化机遇，实施出口导向，由私营部门驱动，采取更为灵活的劳动力市场，国家更少的限制等政策大力发展信息技术产业被认为是可行的。在这个社会共识下，2004年，曼莫汉·辛格为推动印度国内IT市场的需求，发起了宽带基础设施建设运动；2005年，印度又颁布了《经济特区法案》，大力在全国建设经济特区。这给印度IT企业发展创造了更多利好条件。印度IT公司规模、数量不断扩大，并形成了以班加罗尔、孟买等7大核心区的信息技术产业集群。

---

① Kapur D. The causes and consequences of India's IT boom[J]. India Review, 2002, 1(2): 91-110.
② 刘进. 印度2001年新竞争法述评[J]. 南亚研究季刊，2004（2）：22-28.

在信息技术产业各子部门的发展上，国际市场和国内市场之间，硬件部门和软件部门之间，软件服务和软件产品之间有了进一步的分离趋向。

首先，如表 3.6 所示，印度信息技术产业四个子部门（IT 服务业、软件服务外包、软件产品及工程服务、硬件）[1]当中，除了硬件部门，其他三个子部门统称为软件及服务部门，软件及服务部门占整个印度信息技术产业的份额从 2004 年的 77.3%、2005 年的 79.5%、2006 年的 81% 到 2007 年的 83%，一路攀升；硬件部门从 2004 年占信息技术产业总值的 22.7%一路下降到 2006 年的 17%，印度信息技术产业软件和硬件部门的分离在不断加速。还应注意到的是，印度硬件实质上也取得了不错的成绩，年均复合增长率为 18%，只是在软件部门的光芒下稍显黯淡。此外，硬件和软件的国内产出之间似乎存在着稳定的关系，这主要是由于国内市场的缓慢增长导致，这和需求约束型经济不矛盾。

其次，在国内外市场表现上，占整个信息技术产业大头的软件及服务部门出口比例不断攀升，其外生驱动主要来自日益增加的出口市场，从 2004 年的 77.2%增长到 2007 年的 78.9%，国内外市场不断分离，差异拉大。

最后，软件及服务部门内部发生变化，软件服务外包（ITES-BPO）[2]发展迅猛，2004—2007 年均符合增长率且高达 40.6%，软件服务和软件产品日益分离，这种分离是印度软件服务的专业化分离，一种与开发软件包截然不同的活动。软件产品和软件包在整个软件出口一揽子菜单里越来越少，主要原因：其一，印度缺乏软件包产品开发所需的一个充满活力的国内市场；其二，没有大的硬件客户群，由于有限的市场规模，网络外部性效应就不能充分实现；其三，软件产品需要大量的营销支出，

---

[1] 此处要说明的是，根据绪论 1.2 核心概念的界定，印度信息技术产业分为 IT 服务业、业务流程管理（BPM）、软件产品及工程服务、硬件四个部门，而此处为 IT 服务业、软件服务外包、软件产品及工程服务、硬件。差异在于软件服务外包（ITES-BPO）替换了业务流程管理（BPM），这是因为从 2013 年开始 NASSCOM 统计印度信息技术产业才采用 BPM 代替 BPO。而 2004—2007 年，NASSCOM 直接采用了 IT 服务业、软件服务外包、软件产品及工程服务、硬件这四个子类分类统计。

[2] 印度 ITES-BPO：不提供或维护 IT 产品，但它依靠 IT 产品传递他们的价值。这些服务包括客户支持，技术援助，人力资源信息提供，会计作为行政的一部分服务。其他外包服务包括金融服务、市场分析、股权研究等服务，资金管理和技术医疗等服务，诊断与法律转录等。

后起的小公司处于劣势。进入 21 世纪，IT 服务行业增加了一系列 BPO 或 IT 应用服务（ITES）标签下的另一层面的服务类型。其中包括医疗转录，航空公司的呼叫中心业务，银行、保险以及科技公司的 IT 应用服务。

表 3.6　2004—2007 年印度信息技术产业各部门发展情况（单位：10 亿美元）

	2004 年	2005 年	2006 年	2007 年	CAGR（%）
IT 服务业	10.4	13.5	17.8	23.7	31.6
出口	7.3	10	13.3	18.1	35.1
国内	3.1	3.5	4.5	5.6	22.5
软件服务外包（ITES-BPO）	3.4	5.2	7.2	9.5	40.6
出口	3.1	4.6	6.3	8.3	38.7
国内	0.3	0.6	0.9	1.2	57.8
软件产品及工程服务	2.9	3.9	5.3	6.5	31.4
出口	2.5	3.1	4	4.9	25.5
国内	0.4	0.8	1.3	1.6	59.1
总的软件及服务收入	16.7	22.6	30.3	39.7	33.5
（其中）出口	12.9	17.7	23.6	31.3	34.3
硬件	5	5.9	7	8.2	18.0
总的 IT 产值（包括硬件）	21.6	28.4	37.4	47.8	30.5

数据来源：NASSCOM 2004—2007 历年年度报告。

注：（1）总的信息技术产业产值由于四舍五入，与表中四个分部门加总稍微有所差异。（2）在印度统计中，ITES-BPO 通常统称为软件服务外包。

尽管整个印度信息技术产业的复合年均增长率超过 30%，但由出口拉动的印度信息技术产业最大的问题还是解决低附加值服务出口的问题。根据 NASSCOM 2002 年的报告，在全球 IT 服务当中，印度 2001 年 IT 专业服务只占全球份额的 3.7%，产品服务为 0.3%，印度的优势在于客户定制服务，未来印度信息技术产业需要向发展的多样化及向高价值服务迈进，包括更多地进入系统集成，封装软件支持和安装、加工服务以及特定市场的产品与技术设计服务。①除此之外，由于对国际市场的依赖，2008年，印度信息技术产业受到次贷危机影响，美国削减了IT支出，这对印度信息技术产业造成一定影响，为此印度信息技术产业面临的挑战还在于提高劳动力的利用和生产率，保持价格水平，提高操作效率，区域多样化策略等应用。

第五节 信息技术产业成为印度支柱性产业

自1991年以来，印度的开放经济模式为知识产业发展创造了有利条件，印度信息技术产业快速成长。1996年，印度IT总产值才36.9亿美元，到2010年，印度信息技术产业产值为740亿美元。2012年对于印度信息技术产业来说具有里程碑式的意义，总产值首次超过1 000亿美元；1996—2012年，信息技术产业的复合年增长率超过了20%。2017年，印度信息技术产业产值高达1 810亿美元。如图3.1所示，印度信息技术产业的增长点主要在于出口，国内市场增加相对缓慢很多。

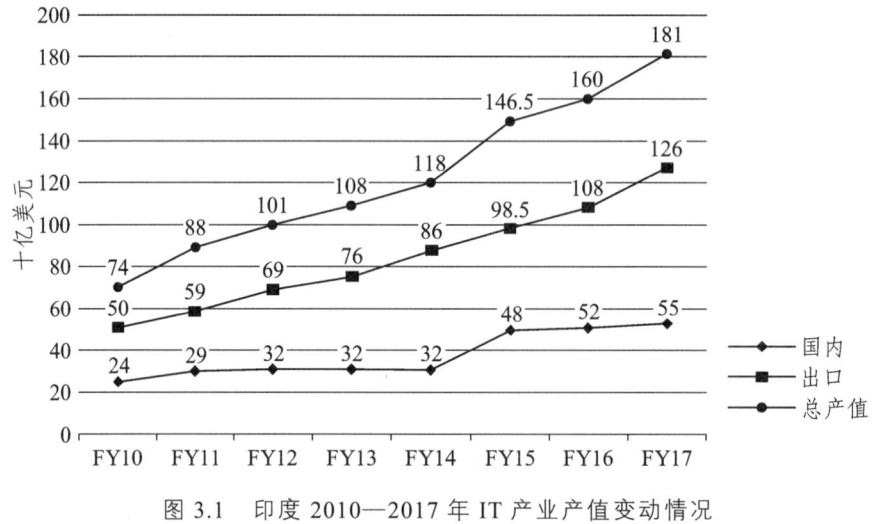

图 3.1 印度2010—2017年IT产业产值变动情况

---

① D'Costa A P. India in the global software industry: Innovation, firm strategies and development[M]. Springer, 2003.

数据来源：印度 NASSCOM 整理计算得出。

根据《财富》杂志调查，目前全美最大的 100 家公司几乎都把印度作为他们首选的海外软件合作对象，印度成为最受欢迎的 IT 外包目的地。印度是全球唯一能够提供 IT-BPM 全领域服务的国家，截止到 2015 年，印度 IT-BPM 部门的全球交付中心达到 670 个，分布于全球 78 个国家。行业前 100 位 IT 公司 40%能够提供 SMAC（社交、移动、分析、云市场）解决方案服务，比如成立于 1968 年的塔塔咨询服务公司（TCS）能够为全球公司提供信息技术（IT）服务，咨询和业务解决方案，并提供端到端技术和服务。该公司的业务遍布美洲、欧洲、亚太及中东和非洲，占印度信息技术产业 2016 年总收入的 10.4%。

2011 年，印度 IT 服务采购占全球 IT 服务采购市场的 58%，达到近年来的顶峰；2012 年，随着全球 IT 支出的增长，全球 IT 服务采购市场也增长到 1 240～1 300 亿美元，比 2011 年增长 9%，几乎是全球 IT 支出增长的两倍。2015 年，印度占全球 IT 服务采购业务的市场份额约为 56%，业务流程管理（BPM）市场中占有约 38%的份额。印度作为全球 IT 服务采购市场的引领者，在过去的许多年里，印度成功地获得了全球 IT 服务采购市场的 50%的份额，如图 3.2 所示。

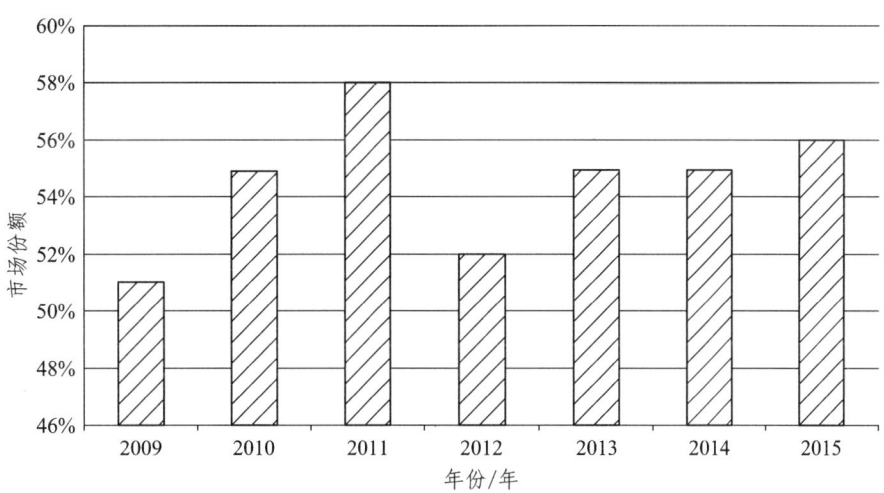

图 3.2　2009—2015 年印度在全球 IT 服务采购市场份额变动情况

数据来源：印度 NASSCOM 整理得出。

随着印度信息技术产业的发展，产业劳动力需求也不断增加。信息技术产业为印度创造了更多的就业，当然信息技术产业在自身的发展过程当中，由于产业结构的变化、企业规模的扩大，产业技术的变迁也影响了整个产业就业总体结构。在劳动力吸纳能力方面，在印度信息技术产业的出口和国内市场中，IT服务和软件出口是最大的就业创造部门。2008年，IT服务和软件出口雇用了87.7万专业技术人员；到2012年时，这数目上升到了129.5万（见表3.7）。BPO出口是第二大就业创造部门，2008年吸纳了63.5万人就业，到2012增长到87.6万人。信息技术产业的国内市场也产生了大量就业岗位，雇用了大量的专业人士，2008年为45万人，2012年是60.1万人，反映出印度IT产业对就业的拉动主要在于出口，出口市场对劳动力的吸纳能力远远大于国内市场，而且两者的差距还在不断扩大。

表3.7 2008—2015年印度信息技术产业出口及国内市场对劳动力的吸纳

（单位：千人）

就业领域	2008年	2009年	2010年	2011年	2012年	2013年	2014年	2015年
IT服务及软件出口	877	958	1 003	1 153	1 295	1 400	1 500	1 600
BPO出口	635	738	770	826	876	920	950	1 100
国内市场	450	500	527	562	601	640	680	800
总量	1 962	2 196	2 300	2 540	2 770	2 960	3 130	3 500

数据来源：根据NASSCOM 2012，2015整理。

根据NASSCOM 2012数据，2012年印度信息技术产业除了直接吸纳277万专业人员就业，还创造了890万间接就业，因此，总的吸纳就业人数1 167万人。NASSCOM 2014年度报告中指出，印度信息技术产业在2014年直接雇佣313万人，间接吸纳1 000万人就业，总量达1 313万人。到2015年信息技术产业已经是印度最大的和最多样化的私营雇主部门，直接吸纳的劳动力为350万人。

在年龄分布上，印度30%劳动力年龄段为18~25岁；44%为25~30岁。信息技术产业相对丰厚的劳动报酬以及其他津贴和分配模式吸引了大量年轻劳动力涌入，并有可能成为吸纳印度"年轻人"就业增长最大的产业之一。

第四章　印度信息技术产业发展六要素

印度信息技术产业是如何发展起来的？哪些因素在其中起到了重要作用？为什么印度的软件及IT服务业比硬件发展要好很多？这些问题一直都是研究印度信息技术产业发展的热门问题。

有人认为印度信息技术产业发展的优势在于充沛且廉价的IT劳动力[1]，然而，为什么印度其他高科技产业并没有像信息技术产业一样利用廉价高效的劳动力走向国际市场呢？况且印度信息技术产业的人力成本也在不断增加，将来也面临劳动力不足的问题[2][3]；也有人认为印度信息技术产业的成功来自政府的各项政策推动，特别是有利于IT产业出口的科技园政策、汇率政策、税收政策、出口奖励等[4]，实际上，印度在1991年的"新经济政策"中推行的"自由化、市场化、全球化和私有化"已经决定了印度政府并不是强力政府，如果说政府干预能在次级产业中取得如此显著的成效的话，那完全可以推广到其他产业，尽管我们也承认政府的影响力，事实上，往往是政府强力介入的产业发展并不如人意；还有从微观的角度探讨印度软件企业国际化研究，认为印度软件企业的成功是综合运用政府因素、经济因素、社会因素和文化因素实现了国际化的成功[5]，但没有阐明各要素之间是如何进行关联运动的，也不能解释绝大多数印度IT企业的竞争力远远落后于国际间的领导竞争者的事实；也

---

[1] Chacko E. From brain drain to brain gain: reverse migration to Bangalore and Hyderabad, India's globalizing high tech cities[J]. GeoJournal, 2007, 68(2-3): 131-140.

[2] Kundu S C, Mor A. Workforce diversity and organizational performance: a study of IT industry in India[J]. Employee Relations, 2017, 39(2): 160-183.

[3] Arora A, Bagde S K. Human capital and the Indian software industry[R]. National Bureau of Economic Research, 2010.

[4] Kapur D. The causes and consequences of India's IT boom[J]. India Review, 2002, 1(2): 91-110.

[5] 戴永红. 印度软件企业国际化研究[D]. 四川大学，2006.

有人用竞争优势理论的六要素去解释印度 IT 部门的发展[1]，但不加修正地套用该理论，过分强调的"商业环境"，某种程度上忽略了产业发展的内在因素；还有人认为印度宏观经济环境导致了信息技术产业发展的各部门不均衡及"区域优势"的产生[2]，这个对于印度信息技术产业发展原因的解释无疑又过于宽泛；还有，印度 IT 国内市场的不成熟，没有庞大的内需市场仅靠海外市场是如何获取产业的规模经济并以此促进产业的发展？诸此种种，我们需要一个新的解释框架去阐释印度信息技术产业的发展。

由于印度信息技术产业的主体从属于服务业和服务贸易范畴，其发展历程规避了自然资源条件的制约，出口市场和业务目的地主要在北美和欧洲，国际竞争性明显。2016 年，印度信息技术产业产值约 1 600 亿美元，雇员接近 400 万人，产业全部收入的 77%来自出口，出口主导着印度信息技术产业。印度凭借其软件外包和 IT 服务业的国际竞争力奠定了领先优势，成为全球第二大软件出口国，也正是由于这个原因，印度信息技术产业甚至一度被人们称之为服务外包业。因此，我们可以看出，印度信息技术产业的发展很大程度上依赖其产业竞争力特别是其国际竞争力的提升。

本章将在波特的产业国际竞争力理论基础上，结合印度信息技术产业发展的具体情况，对"钻石模型"要素进行改良，得出印度信息技术产业发展六要素，作为印度信息技术产业发展原因的分析框架，以考察印度信息技术产业发展的原因及经验。

第一节 竞争优势理论

传统贸易理论认为，由于劳动生产率或者生产要素的差异所产生的比较优势可以给一国产业或者企业带来竞争优势；新贸易理论则认为，

---

[1] Heeks R. Using competitive advantage theory to analyze IT sectors in developing countries: a software industry case analysis[J]. Information Technologies & International Development, 2006, 3(3): 5-34.
[2] D'Costa A P. Uneven and combined development: understanding India's software exports[J]. World Development, 2003, 31(1): 211-226.

规模经济和专业化的比较优势带来竞争优势。美国哈佛商学院的迈克尔·波特（Michael Porter）教授对这些有关竞争优势的理论解释表示怀疑。为此，波特于 1980 年发表《竞争战略》，其后又在 1985 年、1990 年分别发表《竞争优势》《国家竞争优势》，融合产业经济学、国际贸易学、战略管理学等学科，从企业竞争优势到行业（产业）竞争优势再上升到国家竞争优势，体系化地构建了竞争优势理论。

针对比较优势理论中要素禀赋论的观点——国家之间由于生产要素的差异要求每个国家主动选择具有要素比较优势的产业进行扶持发展，并同时大量进口比较优势处于劣势的产品，波特认为，这不足以解释比如朝鲜战争后资金短缺的韩国却发展了汽车等资本密集型产业等案例，而且由于生产要素比较优势的一系列严苛的假设认定技术具有普遍性、生产本身没有差异，要素不流动等脱离了产业的实际竞争情况，也无法解释具体产业的进出口表现。随着全球化的发展，跨国公司的兴起，生产要素的全球流动，技术的变迁，进一步削弱了生产要素比较优势法则的解释力。[①]

针对规模经济认为的如果某个企业或者产业达到一定产量，可以降低成本，产品可以获得出口竞争力。但波特认为规模经济所引发的比较优势并没有解答"规模经济可以应用到什么产业上？"等有关竞争优势的问题，而且规模经济强调内需市场规模，但实践当中，规模经济与产业竞争优势之间的关系非常薄弱，比如德国的化工产业富有竞争力，但德国内需市场却非常狭窄。针对比较优势认为技术差异导致的劳动生产率的差异，波特认为，当技术扩散后，产业的出口竞争力也就降低了，那么"为什么有些国家的企业能持续产业技术优势达数十年，并没有随着技术扩散普及而丧失领导地位？"针对弗农的"产品周期理论"，波特发出疑问"为什么一个技术落后或内需市场不大的国家能成为国际竞争的主角？为什么有些国家的企业能在一个产业上维持竞争，其他则不然？"[②]

为此，波特选择了一些特定产业，通过产业史的角度去考察国家竞争优势在产业发展中的动态过程，从而揭示为什么国家能成功发展某些产业。波特主要发展了一个菱形的"钻石体系"，以此作为一个完整的分

[①] [②] 迈克尔·波特. 国家竞争优势[M]. 北京：华夏出版社，2002：11-15, 16.

析框架去解答上述疑问。"钻石体系"由四个关键要素与两个辅助要素构成。其中，四大关键要素为"企业战略、结构和同业竞争""相关与支持产业""生产要素""需求条件"，而"政府""机遇"为辅助要素，各要素相互作用，整体产生一个产业的竞争优势。具体内容将在本论文的第四章进行详细阐述。

从企业和产业两个层面，波特展开了竞争优势分析，他把企业放在特定的产业结构和产业环境中来研究，认为一国的企业或产业的国际竞争优势反映并蕴含了比较优势，但一国产业拥有比较优势并不一定会转化为竞争优势，必须在产业发展支持性制度及环境上进行强化，"确保投入要素能够高效使用和升级换代"①。

这包含两层含义：其一，某一产业发展要以比较优势为基础，但更重要的是要提升产业竞争优势，从竞争优势中比较优势才能得以很好体现；其二，比较优势只是竞争优势的一个重要条件而非必然的结果，具有比较优势的产业更容易形成竞争优势，但要想发挥比较优势就意味着技术进步、制度改进及要素的有效使用。对于两者的关系，我国学者金碚有较为中肯的论述，"各国产业在世界经济体系中的地位是由多种因素所决定的，从国际分工的角度看，比较优势具有决定性作用；从产业竞争的角度看，竞争优势又起决定性作用。而在现实中，比较优势和竞争优势实际上共同决定着各国各产业的国际地位及其变化趋势。"②同时，波特也注意到在国际竞争中脱颖而出的产业往往在特定产品或产业环节上具有优势，某个产业的成功并不等同于该产业的所有企业都能取得竞争的成功。

根据波特的理论，竞争优势的发展有四个阶段，即从最初的要素推动再到投资推动，进展为依靠创新推动，并最终为财富推动。要素比较优势并不能让一个产业长久获得竞争优势，"基本要素的作用因其广泛的使用性和必要性的降低而被削弱"③，一个产业要想保持竞争优势，需要

---

① 迈克尔·波特. 国家竞争优势[M]. 北京：华夏出版社，2002：2.
② 金碚. 中国工业国际竞争力——理论、方法与实证研究[M]. 北京：经济管理出版社．1997：37-38.
③ 夏清华. 从资源到能力：竞争优势战略的一个理论综述[J]. 管理世界，2002（4）：111.

国家创造良好的产业发展环境，发展企业的创新能力，重视人力资源和知识资源，发展稀缺的高级要素，特别是高新技术产业，其外部性特征显著，能够提高整个国民经济的技术素质，需要政府加以积极的重视和促进。

竞争优势理论的一些结论在印度信息技术产业发展中得以印证，比如印度政府对信息技术产业的重视；又如印度 IT 厂商通过出口进入国际市场，为了在日趋激烈的 IT 国际市场站稳脚跟，印度并没有停留在已有的比较优势上，而是高效运用了自己的比较优势，创造了独有的国际竞争优势，发挥了自己的竞争优势，结果是印度这样一个在信息技术领域技术并不占优，内需市场在发展的一些阶段甚至可以忽略的国家却成为信息技术产业国际竞争的主角，甚至在信息技术产业的特定产品或产业环节（软件服务外包）上占据优势。可见，竞争优势理论对于研究印度信息技术产业发展同样具有重大的理论和实践价值。

第二节　波特的"钻石模型"

美国学者波特在 1990 年出版的《国家竞争优势》中提出"钻石模型"，也被称为国家竞争优势理论，"钻石模型"主要基于 10 个主要发达国家上百种产业广泛调研，归纳而产生，意图揭示某一区域的某一特定领域影响生产率和生产率增长的各因素，在著作的第二篇（产业篇）中通过案例描述了一个国家的产业是如何发展，并在国际间竞争成功的过程。

"钻石模型"认为，一个国家的某种产业在国际竞争中获得优势，要从每个国家都有的四项环境要素来考察，即"企业战略、结构和竞争对手""生产要素""相关与支持性产业""需求条件"。这四项关键要素构建一个双向强化系统，各种要素之间状态会相互影响，从而关系到某个产业是否会具有竞争优势，但产业的成功并不意味着该产业的所有企业都会成功。在四项主要关键要素基础上，波特再引入了两项辅助要素，即机会和政府，从而构建了完整的"钻石模型"，波特一再强调"钻石模型"的各大要素之间的互动性，每个要素的变化会带来其他要素的强化或者弱化，最终影响产业的发展。从这个角度来说，不能单一孤立地考察某个因素，需要系统整体性思维。

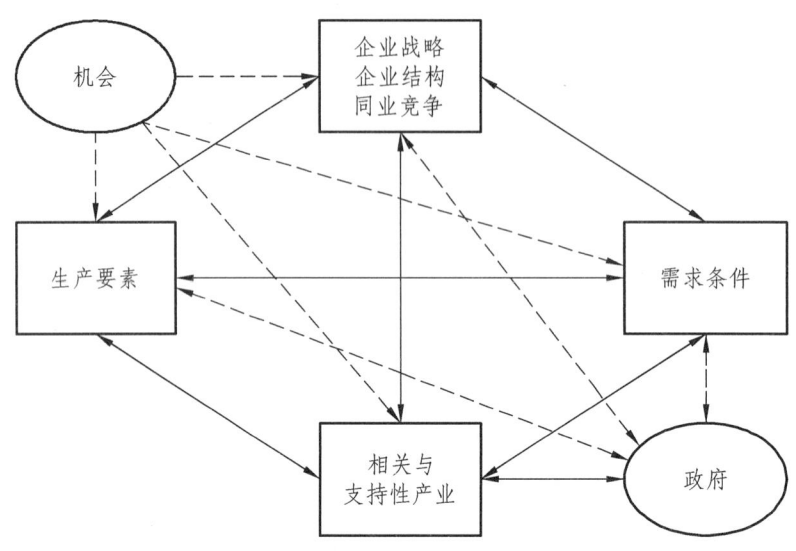

图 4.1 波特的"钻石模型"

资料来源：迈克尔·波特. 国家竞争优势[M]. 北京：华夏出版社. 2002：119.

（一）生产要素

波特认为根据贸易理论，生产要素是国际贸易中互通有无的根本，基础设施、资本、人力资源等是任何产业的最基本竞争条件，而随着科技的进步，知识资源的重要性与日俱增。在全球化时代，传统意义上的国内生产要素的重要性被不断降低，而人力资源、知识和资本的流动会带来产业竞争力的变化。天然条件没有升级和专业化的、被创造的人为产业条件重要，也就是说初级生产要素[①]在不断没落，高级生产要素[②]对于创造竞争优势尤为重要。高级生产要素相对低级生产要素更为稀缺，且需要持续且长期的在人力、资本上进行投资，以维持产业竞争力，从而也具有"内生性"。

---

① 初级生产要素包括：天然资源、气候、地理位置、非技术工人与半技术工人、融资等。
② 高级生产要素包括：现代化通信的基础设施、高等教育人力（如电脑科学家和工程师）、大学研究所等。

（二）需求条件

产业发展的动力在于需求，特别是内需市场对于规模经济具有广泛的影响力。全球竞争并不会减少国内市场的重要性，国内市场能够培育对于客户需求的诠释力，在国内市场客户的要求下，本地厂商会不断改善和创新产品质量，从而在需求量的基础上打造国内市场质量。本土客户内行且挑剔度高，本土客户预期型需求领先其他国家，产业的国内细分市场需求结构多样化会促进国内市场产生竞争优势；依附于内需市场的优势会促使国内市场国际化，开拓海外商机。

（三）相关支持性产业

某个产业与相关支持性产业构建成一个共荣共生的网络，彼此牵动。相关支持性产业能够带动企业上、下游的系列创新，产生由上而下的扩散流程，还会在产业价值相近的产业内产生"提升效应"，相关产业中的企业在信息和技术上有更多的交流，在建立联盟之后，又会加速上游产业的发展。

（四）企业战略、结构及同业竞争

这实际上是对企业的微观考察，包括企业组织、管理、竞争对手分析等；不同产业之间，不同国情会导致企业目标、组织结构的差异，国家竞争优势为各种差异条件的最佳组合。企业只有发挥自身组织形态、管理模式等优势条件，利用好国家环境，才能取得产业成功。国内市场强有力的同业竞争产生进步的压力，为企业强化本土优势，产生区域特色，是创造与持续产业竞争优势的最大关联。

（五）机　会

产业的成功，机会扮演非常重要的角色，但机会可遇不可求，一般而言，机会与企业内部能力无关。引发机会的往往是某些非常重要的事件，比如金融市场巨变、能源危机、战争，特别是基础科技的发明创新往往打破原有状态，产生新的竞争空间，也会引起"钻石模型"其他要素本身的变化，最终影响到产业的竞争优势。这个影响并不一定是被动的。

（六）政　府

政府政策主要以打造产业良好的发展环境为目标，通过微观的、观念性的政府政策影响其他四项关键要素；同时政府的政策也受到其他要素的影响。为此，产业是否取得竞争优势需要考察政府的角色及其对"钻石体系"的影响，需要参照其他关键要素的状态，政府本身并不能为企业创造竞争优势。

第三节　"钻石模型"的优点及缺陷

一、"钻石模型"的优势

（1）"钻石模型"用"企业战略、结构和竞争对手""生产要素""相关与支持性产业""需求条件"四类要素系统构建了产业发展取得竞争优势的环境组成，揭示了某一特定领域影响生产率及其产业发展的各因素。

（2）在竞争力分析中引入"集群"概念，扩大了对集群的认知，集群的重要性除了利于信息、技术共享，创造出专业化制度，从而降低交易成本、提高效率，更重要的是能够改善创新的条件，更利于初创企业的形成和发展。

（3）结合宏观分析，从微观层面，特别是企业的基础环境来分析企业发展，获得竞争力的问题，突出"商业环境"的重要性，把社会政策与经济政策统一到竞争环境上来，这对于政府产业政策的应用具有理论指导作用。

（4）强调了"知识经济"时代，产业发展及竞争力的获得必须重点培育"高级要素"，电脑科学家和工程师、大学科研院所等所代表的科学技术、知识资本、人力资源愈发重要，是建立强大且具有持久竞争力的产业的必由之路。

二、"钻石模型"的缺陷

与传统的宏观分析方法相比,"钻石模型"是个全新的产业竞争力理论,力图从理论到实践去解析竞争力和经济的发展,因而它并不完善,从产生伊始就受到如瑞格曼(Rugman)、邓宁(J. Dunning)等经济学家的批评。此后,瑞格曼和邓宁把跨国公司活动纳入"钻石体系",在"钻石模型"的基础上分别构建了双重"钻石模型"(double diamond model)和"波特-邓宁模型"。国内比较具有代表性的是芮明杰教授在波特的"钻石模型"中添加一个"内核"即"知识吸收与创新实施,有了这个核心,才能真正发展出自己产业的持续竞争力。"[①]结合以上观点及本人研究,该模型有以下几点缺陷。

(1)对政府在产业发展,取得国际竞争力的作用有选择性地忽视。由于波特在考察国际产业竞争力的时候,选取的是市场体系比较完备的10个发达国家上百个产业的样本得出的结论,并不是针对单一特定国家进行解释,所以波特认为"虽然政府在创造和保持国家优势上扮演重要角色,但它的效果确实片面的。"[②]尽管波特也强调需要在一些发展中国家进行广泛调研,但波特把政府认定为"钻石模型"的辅助地位,显然是符合了当时减少政府干预的新自由主义潮流,但对于市场体系并不完备的发展中国家的产业发展的政府角色定位并不一定有效。

(2)对全球化时代国际需求条件的作用过于低估。"钻石模型"中的需求条件更多的是指向本国市场对某产业的需求。波特认为"全球竞争乍看之下似乎减少了国内市场的重要性,实则不然","内需市场的特征是国家优势的根源"。[③]内需市场通过规模经济提高效率,国内市场的性质和大小促使国内市场需求转换为国际市场的能力。实际上,现代社会资金、技术等要素以跨国公司为依托进行全球流动,国际国内市场界限日益缩减,特别是现代服务业的发展改变了"比较优势法则"的静态概念。通过国内市场需求发展而获得国际市场份额,从而取得产业竞争力,印度信息技术产业的发展就完全否定了这个判断。

[①] 芮明杰. 中国产业发展的挑战与思路[J]. 复旦学报(社会科学版), 2004(1): 56-63.
[②] [③] 迈克尔·波特. 国家竞争优势[M]. 北京: 华夏出版社. 2002: 604, 92.

（3）淡化了知识的吸收和创新。创新意味着新技术、新态度或者新方法的应用，虽然波特意识到"竞争优势是由最根本的创新、改善和改变而来"，[①]但"钻石模型"的四项主要关键要素和两项辅助要素淡化了知识的吸收和创新，波特只是在《国家竞争优势》"应用篇"中的"企业篇"涉及创新。当前的国际贸易理论越来越注重技术创新带来的溢出效应，比如日、韩等国在要素条件、需求条件等"钻石模型"框架里并不占优，却能在知识吸收和创新上做文章获取某些产业的竞争优势。

第四节　对"钻石模型"要素的改造

很多学者用关键成功因素法去分析印度信息技术产业的成功原因，但各有弊端；也有人运用"钻石模型"去解释印度信息技术产业的发展及如何取得国际竞争力[②③④]，但通过前面分析知道，"钻石模型"所具有的特定理论框架并不能简单套用，也不能孤立地对各要素的作用进行分析，必须结合印度信息技术产业的发展历程、特征进行改良，吸取"钻石模型"六要素的合理成分，对其进行调整。

（1）就印度信息技术产业发展历程来看，从"猎身"体系拉开序幕到软件及IT服务部门的一枝独秀，在四十年左右的时间印度完成了从农业国到软件及IT服务出口大国的转变，但印度信息技术产业发展的中前期阶段的"飞地效应"较为明显，该产业具有相对的独立性，从波特对相关及支持产业的解释来看，相关产业并不能作为一个形成印度信息技术产业发展的关键要素。

（2）印度信息技术产业的发展与政府紧密相关。印度信息技术产业既是印度政府从管制到半管制再到自由化的产物，更是印度政府在教育

[①] 迈克尔·波特. 国家竞争优势[M]. 北京：华夏出版社. 2002: 567.
[②] Bhattacharjee S, Chakrabarti D. Investigating India's competitive edge in the IT-ITeS sector[J]. IIMB Management Review, 2015, 27(1): 19-34.
[③] Heeks R. Using competitive advantage theory to analyze IT sectors in developing countries: a software industry case analysis[J]. Information Technologies & International Development, 2006, 3(3): 5-34.
[④] 陈利君，陈雪松. 印度IT产业发展现状及其原因——基于国家竞争优势理论的分析[J]. 东南亚南亚研究，2010（4）：51-55.

科技、产业政策、经济发展各个方面的战略和政策的综合性累积成果。在波特的"钻石模型"中，政府角色的作用是正面还是负面的，在于其对整个体系的影响结果，需要参照其他关键要素的状态加以考虑，为此处于辅助地位，这个定位显然不符合印度信息技术产业的发展。

（3）纵观印度信息技术产业的发展，表现出非常显著的IT产业集群特征，七大IT产业集群形成了印度IT产业独特的竞合环境，集群中的企业对需求和变化比较敏感，为了满足客户需求，迫使IT企业以更低的成本不断更新产品及其性能，这对技术提出了更高的要求，给企业带来了更大的创新压力。IT产业集群通过知识溢出及信息扩散转变为知识密集交流的"创新集群"优势，最终带来产业创新和进步。印度IT产业集群孵化了大量的新创IT企业，鼓励相互学习甚至在解决问题方面采取联合行动，在专业化构架中提高创新的速度和成功率，因此，印度信息技术产业特别是其在国际上占据优势的服务外包，并没有一直固化在全球价值链的低端，[①]通过创新，印度IT企业实现了从BPO到KPO（知识流程外包）的转换，印度IT企业成为欧美发包企业的战略合作伙伴，共同推出创新的行业解决方案，实现了价值链的攀升，从服务水平、协议和投资回报到给客户提供创新驱动增长为主导。目前，印度信息技术产业正在进行数字化转型和创新。[②]作为全球第四大增长最快的数字生态系统国家，创新已经成为印度信息技术产业获得差异化竞争优势的重要因素。这包括新形式的组织结构的实验，基于价值的定价模式，流程创新，投资于知识产权创造，构建领域专业知识和新技术。IT产业集群培育创新生态系统，将印度建成集分析、移动、云、社交协作的中心，并把发展医药和医疗设备等新兴行业列为印度信息技术产业发展的目标。波特的"钻石模型"虽然提及了产业集群及其创新，但主要是在企业寻求竞争的优势角度来论证，而不是把创新放在产业集群技术层面和制度层面的动态系统里来论述，结合印度信息技术产业发展实际，我们把产业集群作为印度信息技术产业发展的一大关键要素。

（4）印度信息技术产业从一开始就以"出口导向"积极实行全球化战略，融入全球信息技术产业链。从而，印度信息技术产业的主体成分

---

① 通常指的是维护、软件编码、测试等信息技术外包服务。
② 杜振华.印度软件与信息服务业的数字化转型及创新[J].全球化，2018（6）：74-90.

为软件及服务部门，硬件部门在整个产业里主要体现在国内市场，出口占据整个产业总值的绝大部分，可见，印度信息技术产业作为劳动密集和知识密集型产业，交易的对象主要是非物质形态的产品和服务。非物质形态交易过程高度依赖信息传递、共享和企业间合作，[①]对于欧美客户而言，将工作外包给遥远的目的地，公司必须面对风险，信任在此扮演了桥梁的作用。产业在起步阶段，在质量和交付方面的声誉还不太响亮，因此有所抑制，但印度IT工程师在欧美国家的表现为印度和印度人赢得了前所未有的尊重和钦佩。信任为印度企业之间、印度企业和客户之间都产生积极的预期，并对维持这种合作关系表现出理性的兴趣，印度被公认为是全球最佳软件服务外包目的地之一。印度IT企业表现出的企业素质为印度赢得了国际市场的信任，实现了印度信息技术产业的飞跃发展。信任成为印度信息技术产业发展的一个重要因素。

（5）企业位于国际竞争的第一线，国家致力于创造竞争环境，但不能保证每个企业的成功。"如果企业处于一个强有力、信息畅通、互动频繁的产业集群内，它与外商贸易的可能性就会提高。"[②]而印度信息技术产业发展显现出集群化特征，集聚效应明显，为印度发展世界级IT产业奠定了基础。一些研究发现，印度IT开发的顶级公司80.5%聚集在班加罗尔、海得拉巴、钦奈、孟买和德里。[③]正是产业集群特有的地理集中、合作竞争等特性，才形成印度IT企业强劲、持续的竞争优势。

综上，本书尝试把"钻石模型"的六要素，改良成印度信息技术产业发展六要素，阐释印度信息技术产业的发展原因。

一是机会，印度信息技术产业发展过程中所面临的各种突发性因素；

二是政府，印度国家信息技术产业发展战略，对信息技术产业发展施加的各种政策及对其他要素的干预；

三是产业集群，印度IT企业集聚的竞合状态刺激集群内企业创新，并与其他要素彼此作用、相互强化，信息技术产业组织结构不断趋于合理，企业素质得以逐步提高，从而改变印度信息技术产业的竞争优势；

四是生产要素，印度信息技术产业竞争中有关生产方面的表现，比

---

① 吴琳. 软件外包产业发展研究[D]. 中共中央党校，2009.
② 迈克尔·波特. 国家竞争优势[M]. 北京：华夏出版社. 2002: 577.
③ Kumar N, Joseph K J. Export of software and business process outsourcing from developing countries: Lessons from the Indian experience[J]. Asia-Pacific Trade and Investment Review, 2005, 1(1): 91-110.

如特有的人力资源等；

五是需求条件，包括国际市场和国内市场对印度信息技术产业所提供产品或服务的需求；

六是信任条件，印度信息技术产业发展过程中信任的社会资源和资本。

有必要强调的是，印度信息技术产业发展六大要素是个系统，并不是孤立的发生作用，各要素在彼此强化过程中，相互之间的边界逐渐模糊，其中一个要素的变动可能会对其他要素的状态造成一定影响，产业的某一项要素优势也有可能会创造或提升其他要素的优势，甚至具有补偿效应；当然，也不是说印度信息技术产业发展的任何阶段都必须是六大要素共同发生作用，在产业成长的不同阶段，所依赖的要素不尽相同，在某些阶段可能只借助其中的两项要素优势就能大大促进产业发展，而且要素发挥作用或要素之间的相互影响与当时具体状态有关。长期来看，印度正是交错运用了这六大要素，才形成了自我强化优势，形成了该产业快速发展的局面。

第五节　六要素的层级

在产业发展的动态过程中，不同阶段要素促进产业发展的作用并不相同，其影响因素具有多层次性，六要素可以进一步归纳成三个层级。

（一）基础层级

每个国家的产业发展都依赖于一些基本的要素，比如人工、资本、基础设施等，这也是贸易理论的前提；产业的性质会对其依赖的基本要素是天然形成的还是被创造形成的有较大的差异。基本要素对产业的发展不仅具有正向的激励作用，也可能反向抑制产业的发展，有时如果能够规避基本要素的不足，反而能够另辟蹊径，产生出新的产业发展战略，从而获得成功。在印度信息技术产业发展中，六要素中的"生产要素"所体现的人力资源、资本资源、基础设施经常混合出现并发挥效能，也是产业发展的最基本要素，为此，"生产要素"被称为基础层级要素。

（二）关键层级

为什么印度能够在 IT 领域取得成功？从静态来看，印度基础层级的生产要素是固定的，国家必须能够提供企业比竞争对手更为快速的创新和进步的产业环境，以提高生产率，获取长期竞争优势。广义的"环境"除了政府通过经济、政治、法律的手段创造良好的产业发展环境，还包括市场需求、历史传统、认同型信任、产业集群环境。这些要素扮演了印度信息技术产业发展中的关键角色，为此，"政府""产业集群""需求条件""信任条件"成为关键层级要素。特别要说明的是，在与其他要素相互作用中，印度 IT 产业集群引发的 IT 企业竞合状态会刺激集群内企业创新，促进 IT 产业组织结构不断趋于合理，提升 IT 企业素质，从而带来了印度信息技术产业长期的发展优势。

（三）辅助层级

机会是可遇而不可求的，比如世纪之交的千年虫，引发无数的软件日期代码缺陷，为避免全球系统危机，西方公司绝大多数都寻求印度 IT 公司的帮助，引发市场需求的剧增。机会是相对的，印度是在具备其他要素的基础上才抓住了这次"机会"。为此，"机会"成为辅助层级要素。

通过分析可知，基础层级要素为印度信息技术产业发展形成基本性条件；关键层级要素为印度信息技术产业发展构建了其他国家难以效仿的产业环境，推动了整个产业的升级，是印度 IT 企业充沛活力的来源，也是印度信息技术产业维持持续竞争优势的关键；辅助层级要素为印度信息技术产业抓住机遇，实现飞跃提供条件。印度信息技术产业的竞争优势得益于六大要素的互相强化、共同作用；单一要素无法促使印度信息技术产业获得成功，因而从单一要素孤立地去分析是无法深层次理解印度信息技术产业是如何发展的，而需要从要素体系着手，探讨其发展。为此，下面将对各要素产生作用机理、各要素发挥作用以及相互强化等方面进行全面分析、论证。

第五章　生产要素

西方经济学认为生产要素包括劳动力、土地、资本、企业家，随着现代科技的发展，特别是知识产权制度的建立，技术、信息也被当作重要的生产要素。在波特的生产要素归类中，基础设施、资本资源、人力资源、知识资源、天然资源往往混合出现，越是在产业的初级形态越对天然资源更为依赖。从印度 IT 产业的发展过程来看，其对高级生产要素或者专业性生产要素比如技术性人力更为倚重。同时，并不是具有上述资源比较优势的产业就一定能够获得竞争优势，还必须进行合适的资源选择、整合、配置，以发挥生产要素的效率和效能。此外，如果在生产要素的某些方面处于不利的地位时，采取应变战略，反而能够获得竞争优势。因此，单看印度信息技术产业是否拥有这些资源优势，并不足以完全解释该产业的发展。

第一节　理论分析

比较优势理论一直处于发展与演变当中。比较优势从比较成本演化而来，该理论也称比较利益说，最早可追溯至 1776 年亚当·斯密（A. Smith）的绝对优势说。斯密强调国际分工，他将一个国家或地区某种产品的成本与国外同类产品成本进行比较，认为国家之间应当出口自己生产成本具有绝对优势的产品，进口那些在生产成本上占劣势的产品，在这种国际贸易模式下双方都能获益。但按照斯密的绝对优势理论，有可能一些国家无法参与国际贸易。1817 年，大卫·李嘉图（D. Ricardo）提出相对比较优势理论（《政治经济学及赋税原理》），该理论立足于比较成本，发展了亚当·斯密的绝对优势说。李嘉图非常关注资源禀赋的配置，李嘉图模型认为由于劳动生产率或者技术水平的相对差异，会带来不同国家生产同一产品成本上的差异，即使一国与他国在产品上具有绝对优势或劣势，也可以通过国际贸易带来福利水平的增长，也可以这样理解，"即使一国在两种产品的生产上较之于另一国均处于劣势，仍存在双方互利贸易的基础。前一个国家可以专门生产和出口其绝对劣势相对小的商品，同时进口其绝对劣势相对大的商品。"①李嘉图的比较成本强调的是不同国家的成本比率进行比较，而不是成本的绝对值的直接比较，该理论解决了国际贸易的广泛性问题，即任何国家都可能参与国际贸易。

但李嘉图并没有解释比较优势的来源即各国劳动生产率产生差异的原因，而只是外生给定的技术差别带来的生产率的差别，为此，杨小凯称之为外生技术比较优势。②赫克歇尔（E. Heckscher）及其学生俄林（B. Ohlin）在20世纪上半叶提出赫克歇尔-俄林要素禀赋论，认为比较成本产生的差异来自各国生产要素的相对差异，也就是资源的相对丰裕度成为比较优势的来源。要素禀赋论扩展了比较优势理论，通过放松单一的劳动生产要素限制，假定贸易国之间的生产技术相同，从生产函数相同的假设出发克服了李嘉图模型的缺陷。在此之后，经过萨缪尔森（A.Samuelson）等人的努力，"比较优势理论在以偏好、技术和要素禀赋为边界约束的一般均衡分析框架中得到了系统表达。"③依据要素禀赋论，对于发展中国家来说，劳动资源相对丰裕，就应当生产并出口劳动密集型产品，同时进口资本密集型产品，从而获取比较优势。但洪银兴认为，单纯按照这个理论指导下的国际分工，容易跌入"比较利益陷阱"，因为"以劳动密集型和自然资源密集型产品出口为主的国家总是处于不利地位"。④

第二次世界大战后，随着列昂惕夫之谜的出现，对于比较优势的来源有了更多维度的解释，比较优势理论更多地从静态分析走向动态分析。

---

① Dominick Salvatore. International Eeonomics[M]. Prentice-Hall International, Inc. New Jersey, 1995:30-31.
② 杨小凯，张永生.新兴古典经济学和超边际分析[M].北京：中国人民大学出版社，2000.
③ 李辉文.现代比较优势理论的动态性质——兼评"比较优势陷阱"[J].经济评论，2004（1）：42-47.
④ 洪银兴.从比较优势到竞争优势——兼论国际贸易的比较利益理论的缺陷[J].经济研究，1997（6）：20-26.

从规模经济维度方面，迪克特（A.K. Dixit）和斯蒂格利茨（Stiglitz）的D-S模型认为，即使两国初始条件完全相同，在存在内部规模经济的条件下，两国专注于不同的产业，从而产生内生的比较优势。克鲁格曼（Krugman）和赫尔普曼（Helpman）则发展了一个垄断竞争模型，由于规模报酬和市场规模决定了市场上产品选择或者数目的多样性，在封闭经济下，一个国家不可能生产所有种类的产品，即生产的产品多样性非常有限，"但贸易可以增加消费者的选择，如果贸易增强了消费者的需求弹性，也会改进单个厂商的规模效率。从而，规模经济强化了单个厂商在国际市场的竞争优势。"①在规模报酬递增的条件下，产业的国内市场规模会影响该产业在国际市场的竞争力，拥有较大国内市场规模的厂商更容易利用规模经济，产业的规模和出口量之间往往存在正相关。沿着这个思路，梯伯特论证了比较优势来源于递增性内部规模收益。②但多勒尔（Dollar）等学者认为，规模经济并不能完全解释发达国家产业内贸易，技术差异能很好解释比较优势。③由于技术差异并不能在长期永久维持，对于高新技术产业来说，要长期保持比较优势必须在现有基础上不断创新并应用新技术和开发技术劳动力。在上述基础上，弗农（Vernon）提出了"产品周期理论"。此外，格罗斯曼（Grossman）和赫尔普曼（Helpman）（1989）④还从研发的角度，杨小凯和博兰（Borland）（1991）⑤从专业化和分工的角度，克莱里达（Clarida）和芬德莱（Findlay）（1992）⑥从政府作用的角度，格罗斯曼（Grossman）和麦吉（Maggi）（2000）⑦从人力资本配置的角度，分别论证了比较优势的来源。其中，规模经济和专业化或产品的差异化解释了当今世界日益发展的产业内贸易问题，而传统

---

① Helpman E, Krugman P R. Market structure and foreign trade: Increasing returns, imperfect competition, and the international economy[M]. MIT press, 1985.
② Tybout J R. Internal returns to scale as a source of comparative advantage: the evidence[J]. The American Economic Review, 1993, 83(2): 440-444.
③ Dollar D. Technological differences as a source of comparative advantage[J]. The American Economic Review, 993, 83(2): 431-435.
④ Grossman G M, Helpman E. Product development and international trade[J]. Journal of political economy, 1989, 97(6): 1261-1283.
⑤ Yang X, Borland J. A microeconomic mechanism for economic growth[J]. Journal of political economy, 1991, 99(3): 460-482.
⑥ Clarida R H, Findlay R. Government, trade, and comparative advantage[J]. The American Economic Review, 1992, 82(2): 122-127.
⑦ Grossman G M, Maggi G. Diversity and trade[J]. American Economic Review, 2000, 90(5): 1255-1275.

比较优势理论只能用来解释产业间的贸易。

当代比较优势变动趋势有个显著特征，即先进科学技术成为决定比较优势的主要因素。[1]自然资源的作用下降，技能型或知识型人力资本作用提升，多因素综合作用扩大，比如信息技术产业需要技术、资金和高素质劳动力资源才能更好地获得竞争优势。

通过上述理论的分析，从产业发展来看，产业的比较优势主要涉及该国的要素禀赋条件，这些条件构成了产业发展的潜在基础，并决定不同国家之间的产业内或产业间的国际分工。一国某个产业在国际市场的竞争表现则反映了产业发展的潜在比较优势在现实中的实现，当然，这也是多因素综合作用的结果。如果把多因素看作是规模经济、专业化、政府作用、人力资本配置等，则比较优势与竞争优势有了直接关联，比较优势转化为竞争优势成为一种必然选择。对于印度信息技术产业来说，其发展最耀眼的部分正是软件服务外包，其发展历程也是印度信息技术产业积极参与国际分工和贸易的过程，因此，比较优势理论对于理解、阐释、指导印度信息技术产业发展具有重大的理论意义和现实价值。

第二节　人力资源

低成本、高技能劳动力的可得性是产业竞争优势的关键因素。有学者研究认为，在20世纪90年代早期，劳动力成本占到了软件开发成本的70%。[2]印度软件专业人才的工资相对于欧美国家具有很大优势，以1997年为例，很多类似岗位的工资成本大概是美国薪酬的1/3或1/5，如表5.1所示；与其他一些国家如英国、爱尔兰、希腊等横向比较，印度IT人员的薪酬水平也是最低的，显示了绝对的劳动力成本优势，只有希腊的IT专业人员的工资水平与其类似，如表5.2所示。

---

[1] 陈飞翔. 比较优势理论的发展和现实演变[J]. 经济学动态, 1994（4）: 61-66.
[2] Lakha S. The new international division of labour and the Indian computer software industry[J]. Modern asian studies, 1994, 28(2): 381-408.

表 5.1　1997 年软件专业人员薪资比较　　　（单位：美元/年）

名称	美国	印度
程序员	32 500～39 000	2 200～2 900
系统分析员	46 000～57 500	8 200～10 700
程序分析师	39 000～50 000	5 400～7 000
网络管理员	36 000～55 000	15 700～19 200
数据库管理员	54 000～67 500	15 700～19 200
服务台支持技术员	25 000～35 500	5 400～7 000
软件开发人员	49 000～67 500	15 700～19 200

资料来源：Arora A, Arunachalam V S, Asundi J, et al. The Indian software services industry[J]. Research policy, 2001, 30 (8). P1286.

注：1. 按 41.50 卢比/美元的汇率折算。
　　2. 起薪数字是按照雇用 50 多名软件专业人员的大型企业的标准。对于规模较小的组织而言，这一比例可能会略低一些。由于专业人员的教育和经验、工作平台、外派性质（合同/全职）、雇主所在地点以及额外的技术、专业证书等因素，某一特定职位的工资将有所不同。

表 5.2　1995 年支付给 IT 专业人员的国际薪酬差异　　　（单位：美元）

	瑞士	美国	加拿大	英国	爱尔兰	希腊	印度
项目负责人	74 000	54 000	39 000	39 000	43 000	24 000	23 000
业务分析师	74 000	38 000	36 000	37 000	36 000	28 000	21 000
系统分析员	74 000	48 000	32 000	34 000	36 000	15 000	14 000
系统设计人员	67 000	55 000	36 000	34 000	31 000	15 000	11 000
开发程序员	56 000	41 000	29 000	29 000	21 000	13 000	8 000
支持程序员	56 000	37 000	26 000	25 000	21 000	15 000	8 000
网络分析设计	67 000	49 000	32 000	31 000	26 000	15 000	14 000
质量保证专家	71 000	50 000	28 000	33 000	29 000	15 000	14 000
数据库分析师	67 000	50 000	32 000	22 000	29 000	24 000	17 000
工艺专家	74 000	48 000	29 000	31 000	—	15 000	17 000
文件培训人员	59 000	36 000	26 000	21 000	—	15 000	8 000
测试工程师	59 000	47 000	25 000	24 000	—	13 000	8 000

资料来源：www.man.ac.uk/idpm/isicost.htm.

在印度，从事软件 IT 行业的工薪要比制造部门或学术部门的要高很多，由此也确保了稳定的工人供应。也就是说，印度信息技术产业的专业化是由绝对工资水平和相对工资优势两者相互作用进一步强化的产业优势。

不仅如此，印度大量的英语熟练、训练有素的 IT 技术人员供给体系补充了这种成本优势，再加上印度 1991 年"经济改革"使得积压的一大批优秀人才得以释放出来，[①]在短时间内强化了这种技术人才优势。印度 IT 人才主要来自国家高等教育系统工程类本科和研究生的培养、私营或者公立的培训机构的受训学员、政府专业资格认证会员、大型 IT 企业对员工的培训。

（一）高等教育系统的培养

目前，印度高等教育规模位列全球第三，位于中国、美国之后，有 2 297 个工程学院，16 000 所各类学院。从图 5.1 可知，印度在 1970—1997 年，工程和技术类大学的数量急剧扩张，特别是可以颁发工程和技术类学历文凭的高等院校增长很快，与印度信息技术产业发展基本同频，在 1980—1990 有了飞跃；可以颁发学位文凭的工程和技术类高等院校也从 1980 年的 158 所增长到了 1997 年的 547 所。其中印度理工学院（IIT）每年招收 8 000 名学生，培养的高质量毕业生绝大部分进入到 IT 领域，为印度 IT 产业人才的国际化做出了示范标杆作用。[②]

1987 年的《AICTE 法案》规定设立全印技术教育委员会（AICTE）[③]来计划和协调印度技术教育系统的发展，建立技术教育的规范和标准，

[①] 齐鸣. 印度信息技术产业飞速发展的动因分析[EB/OL]. http://news. sciencenet. cn/html/showxwnews1. aspx?id=200017，2017-08-16.

[②] 印度理工学院（Indian institute of technology，简称 IIT）是由印度政府所建设和组成的七间自治工程与技术学院。在学术界具有世界声誉，被称为印度"科学皇冠上的瑰宝"，是印度最顶尖的工程教育与研究机构。印度理工学院培养的 IT 人才遍及世界各地，美国硅谷更是这些 IT 人才的聚集地。印度理工学院为印度软件业在世界范围内的成功做出了不可磨灭的贡献。

[③] 全印技术教育委员会（All India Council for Technical Education），印度负责中等后技术教育（包括中等专业教育）的国家级机构。1945 年根据中央教育咨询委员会的建议成立。由议会、邦政府、工业、商业等界的代表组成，负责教育的部长任主席。常务机构由 60 名成员组成，从中再产生执行委员会。下设 7 个技术教育局。

委员会中一个重要的机构叫作"工程技术部",主要负责新项目的认证以及对新院校、新课程、新增大学助学金、研究生项目、MCA/MBA 项目的审核批准。1990 年代,在 AICTE 批准的学位机构中,学生入学率以年均 11.5%的速度在增长,每年培养 65 000 名工程师和 95 000 名拥有工程和技术学位的专业人才。根据 NASSCOM 1998 年度报告,仅在 1997 年印度软件专业技术人员总量就达 16 万人,平均年龄 28.4 岁,这些专业技术人员都有工科、计算机科学学位或计算机应用硕士学位(MCA)。通过高等教育系统的扩张,到 2006 年印度每年能够培育 50 万名 IT 专业人才,其中大约 1 万名获得 MCA 硕士学位的毕业生,还有 5.2 万名 MBA 毕业生和 2 万名获得其他研究生学位的毕业生,其中大部分是加入 IT 行业的。①

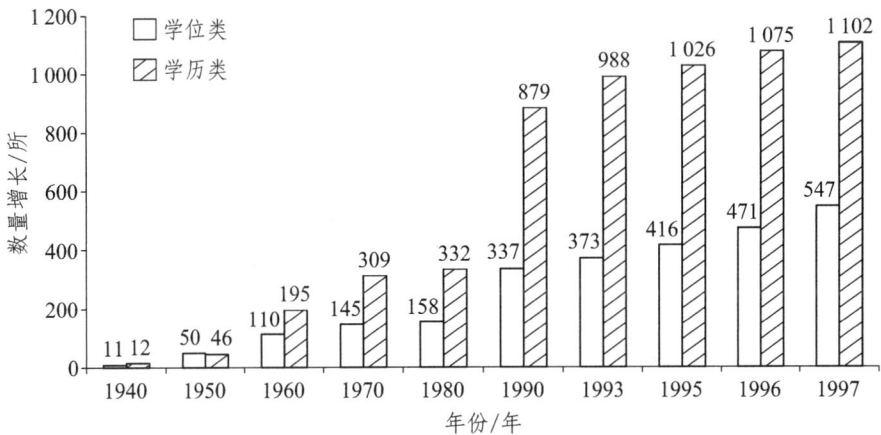

图 5.1　印度工程和技术类大学(包括学位教育和学历教育高校)
数量增长情况

数据来源:全印技术教育委员会,http://www.aicte.com/approvved inst.html.

(二)私营或者公立的培训机构以及企业的培训

20 世纪 80 年代初开始,印度国内一大批私营或者公立的培训机构蜂拥而起,其中包括非常著名的 NIIT(印度国家信息技术学院)、Aptech②、

---

① Fernandes R, Arora A, Asundi J. Supply and demand for software developers in India[R]. Heinz School working paper, 2000.
② 印度 APTECH 成立于 1986 年,是世界上最大的 IT 职业教育培训机构。目前在全世界 53 个国家拥有 3 500 多家中心,累积培养 IT 人才 400 万余人。

LCC、Infotech、Tata Infotech、CMC、印度硬件技术学院、IIS 信息技术、波士顿教育、SQL Star、Datapro 等公司，而根据 NASSCOM 评估，1998 年印度有 3 800 家 IT 培训机构，培训市场规模达 3 亿美元，而 NIIT 和 Aptech 就占到了整个 IT 培训市场的 70%份额。以 NIIT 为例，NIIT（印度国家信息技术学院）成立于 1981 年，参照著名印度理工学院的做法来建造，能够根据软件企业的需求来定制课程，所以培训出来的 IT 技术人员受到市场的认可，仅 NIIT 在 1999 年就大概培训有 1 万名软件开发专业学员。

此外，很多大型企业特别是外企以联合或者内部培训的形式开始增加对信息技术员工的培训，并且还开设了 IT 管理课程、微软认证软件工程师课程等，例如：马辛德拉集团和英国电信的合资企业，在线上教授软件开发的方法和技术，但是，普遍的看法是企业培训的学员不适合软件开发，他们更适合提供技术支持和维护、后台操作和各种各样的 IT 服务，如医疗转录、保险行业的索赔处理。[1]

总之，印度有世界第二大英语人口，有世界第二大的工程类毕业生，这些受过高质量的工程技术教育、拥有良好 IT 能力（包括设计及项目管理）的技术人员英文流利，由于早期的"猎身"他们还能够便捷地接触前沿技术；还有些社会文化因素的影响比如印度 IT 劳动力温顺的特质(历史上存在的种性结构)，对数学的擅长，似乎是为信息技术产业量身定做，随着廉价和高质量的人力资源的可获得，大量的软件产品开始外包给印度，这奠定了印度信息技术产业进化的基础。

第三节　基础设施与资本资源

如果说人力成本优势是印度信息技术产业获取竞争优势的话，那么印度的制造业和农业同样具有竞争优势，实际上并不如此。印度国家现实情况迫使印度 IT 企业家规避物质基础设施较差和金融资本短缺等资源劣势，朝着 IT 服务导向的方向迈进，印度充沛的技术工人的相对优势并不足以发展资本密集型的 IT 硬件制造，为此只能寄希望于 FDI 流入，这

---

[1] Kapur D. The causes and consequences of India's IT boom[J]. India Review, 2002, 1(2): 91-110.

在一定程度上解释了印度IT产业为什么硬件部门相对发展较慢而软件及服务部门强势。

（一）资本资源

不同国家之间金融产业的资本成本、可用量不尽相同，运作形式比如抵押贷款、风险资本、信用贷款的模式也不相同。

1. 软件及服务部门利用金融资本情况

通过前面第三章的印度IT企业描述可知，印度知名的IT企业基本都是私营企业，大多数企业家由技能娴熟的工程师或技术人员组成，这部分人当中很多是20世纪六七十年代人才外流到国外的移民回流人才。在积累了充分的技能和一定的海外资本积累后，这些人在印度建立了自己的公司，这些企业包括印孚瑟斯（Infosys）、威普罗、马恒达萨蒂扬。假如投资硬件部门，要求具有一定的相关产业基础及大量的金融资本，这不太现实；而软件服务特别是出口，具有良好的现金流和较少的预先投资需求。特别适合于印度的现实资源，只需要安装了电脑和电话的房间，而且软件的生产并不严重依赖于公路和港口等有形的基础设施，只需要一个稳定的电力。因此，对于软件服务类公司来说，金融资本并不是一个大问题，除非一家公司希望快速扩张或想要扩大其海外业务。

以印度IT巨头印孚瑟斯为例：1981年，七位年轻的印度人以积攒的1 000美元作为初始股本创立印孚瑟斯科技公司（Infosys Technologies），它是典型的自筹初创资金的IT公司，到2016年印孚瑟斯的营收已高达95亿美元，成为印度第二大IT公司。在初创的1981年，由于印度政府对进口电脑硬件的苛刻限制，印孚瑟斯员工只能利用美国客户提供的电脑开展在岸（猎身）业务。由于基本不需要什么金融资本投资，印孚瑟斯能够在非常有限的外部资金支持下快速成长，并很快有了很好的现金流。在公司成立12年后的1993年，印孚瑟斯在孟买证券交易中心做了首次公开募股（IPO）。在此之前，印孚瑟斯只做了很少的债务融资，从当地银行总共贷款72.5万美元用于资本支出。1999年，印孚瑟斯成为第一家在美国上市的印度公司，即便如此，筹集的资金仅为7 500万美元，但上市进一步增强了印孚瑟斯与美国主要客户之间的关系。

2. 硬件部门所需金融资本情况

印度中央政府长期处于超过预算 6 个多点的财政赤字状态，如图 5.2 所示，各邦政府也同样处于赤字压力之下，在这种情况下，国内储蓄被大量吸收，挤占了私人投资，抬高了资金使用成本。虽然印度一直面临国内资金短缺的问题，但直到 1991 年经济改革，FDI 才被允许流入，在此之前，流入印度的 FDI 量基本可以忽略，如图 5.3 所示，而且 FDI 流入的产业部门被严格限制，甚至国外投资者的占股比例也被严格限制，直到 1998 年，印度电子部才规定 IT 产业的外资占股可达 100%。

20 世纪 90 年代中期，印度 FDI 大概在 30 亿美元到 50 亿美元之间，而同期中国 FDI 均值达到了 400 亿美元，为印度的 10 倍左右；以 2002 年为例，印度 FDI 不到其 GDP 比重的 1%，而中国同期达到了 4%，其他新兴市场国家一般为 2%~3%。尽管 1996 年开始，印度 FDI 开始迅速增长，但是资金流向高度集中在满足投资者对流动性和公司治理要求的顶级公司。[①]这显然对于急需金融资本的 IT 硬件制造类初创公司极为不利。

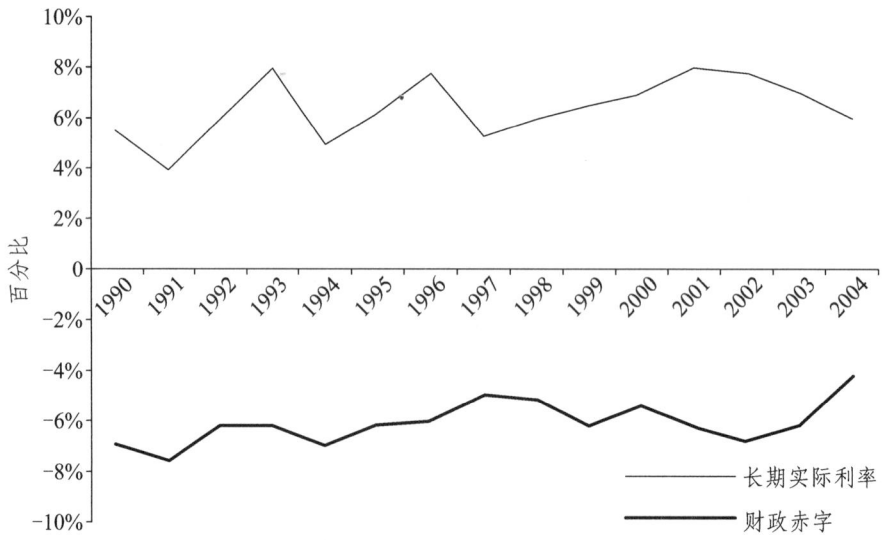

图 5.2　印度 1990—2004 年长期实际利率及财政赤字率

数据来源：印度储备银行（RBI），世界银行 WDI 数据库。

---

① Gregory N, Stanley D N, Tenev S. New industries from new places: The emergence of the hardware and software industries in China and India[M]. The World Bank, 2009: 163.

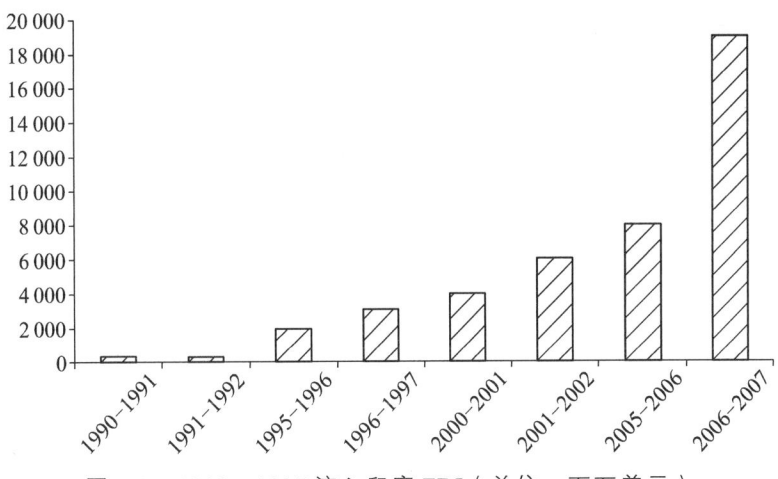

图 5.3　1990—2007 流入印度 FDI（单位：百万美元）

数据来源：印度储备银行（RBI）。

此外，印度两度将主要银行国有化，导致政府主导、银行服务缺乏竞争和创新，银行作用减弱，没有发挥好金融中介机构的资源配置功能。正是国有银行的低效率，1999 年印度政府把印度银行（Indian Bank）、印度统一银行（United Bank of India）与 UCO 银行（UCO Bank）确定为"脆弱的国有银行"。[①]由于公共部门的挤出效应，2004 年印度金融中介机构提供给私人部门的融资总量是 GDP 的 37%，而同时期中国的比率是 141%。

政府还根据明确和隐含的优先次序，以各种方式控制信贷的分配。按照印度计划委员会制定的"五年计划"，反贫困在"七五"计划依然被重点强调，"农业仍然是我们经济的核心……我们必须在第七个计划中更加积极地追求它。这将减少我们发展中的区域不平衡，并将直接有助于消除贫困。"[②]为此，印度金融中介机构更多地向农村部门和小规模工业提供信贷，两者都被认为是对于减少贫困非常重要。IT 硬件行业作为一个与农村经济没有直接联系的以大中型企业为主的新兴行业，确实并没有从政府的信贷分配中获益。可见，在"七五"计划之后，即在印度信息技术产业发展的 20 世纪 90 年代黄金时期，IT 硬件部门并没有得到良好的金融支持，这也是印度信息技术产业硬件部门弱势的又一重要原因。

---

① 丛阳，吕婕. 印度推动国有银行改革意在提高经营效率和盈利能力[J]. 中国银行业，2018（8）：65-67.
② India Government. 7th Five Year Plan[EB/OL]. http://planningcommission. gov. in, 2018. 06. 18.

当然，印度拥有相对发达的风险投资业。但有研究表明只有 14% 的印度硬件公司从外部进行股权融资或借助风险资本，更多的是依赖内部融资，从而也导致了硬件部门难以借助金融资本迅速做大做强。①

（二）基础设施

基础设施除了像交通运输系统、邮电通信系统、电力系统、付款转账系统、房屋供给等，这些系统的质量、使用成本、形态会影响到产业的竞争力。比如工业生产除了机器设备外，还需要良好的能源、交通运输等基础设施。

电力是一个国家基础设施最重要的组成部分。印度从 20 世纪 70 年代开始就遭遇能源危机，使得印度的电力生产和分配严重不畅，由于电力的国有垄断，电力供应不足且不稳定，可靠性、可用性差，而且价格还高；交通运输系统虽然从 1950—1991 年取得了较大发展，见表 5.3，但总体发展水平依然较低，容量和质量非常有限。早在 2003 年，世界经济论坛（World Economic Forum）把基础设施列为在印度开展业务最具挑战性的因素。直到 2004 年，印度还没有一条连接主要经济中心的邦际高速公路；2007 年印度才有一条孟买—浦那的高速公路，但也仅是 300 千米的四车道高速公路。

表 5.3 交通运输系统的发展

	1950—1951 年	1960—1961 年	1970—1971 年	1990—1991 年
铁路总长/千米	53 600	56 300	59 800	62 400
可运载吨位	0.93	1.56	1.96	3.41
公路总长/万千米	39.8	52.40	91.80	203.7
汽车/万辆	8.2	16.80	34.3	147.9
水运：远洋运输/注册吨位万吨	20.2	50.0	220	870
民航：吨公里收入/卢比	—	176	475	2 100
旅客/万	—	90	260	1 050

数据来源：Economic Survey，印度"七五"计划。

---

① Gregory N, Stanley D N, Tenev S. New industries from new places: The emergence of the hardware and software industries in China and India[M]. The World Bank, 2009: 166.

在硬件方面，IT 硬件制造比软件生产需要更长的供应链，对电力设备、电机和运输设备比后者更为依赖。基础设施对于硬件制造和组装非常重要，这些行业严重的基础设施瓶颈阻碍了印度企业，尤其是制造企业的效率和竞争力。

对于软件以及服务部门来讲，所需的基础设施成本要求非常少，成本低廉，只需办公场地和相关设备、网络接入，进入的门槛较低。因而，随着软件产品盈利日益提高，世界范围内硬件价格的下降，以及一系列的政府措施包括降低税收和关税，在 20 世纪 90 年代带来了一波主攻软件及服务的 IT 创业潮。

当然，良好的通信基础设施对软件及 IT 服务行业的持续发展至关重要。这在软件服务出口中尤其明显，特别是对于离岸软件开发。总的来说，印度的数据通信基础设施昂贵且供应有限。这个问题有一个重要的制度因素，即印度电信部和 VSNL[①]这样的政府机构不愿放弃对电信的控制。然而，大多数 IT 公司认为通信基础设施的问题并没有比道路和电力等物理基础设施等问题严重。因为大多数印度公司进行的离岸业务只需要有限的通信，这样现有的带宽能够满足基本要求，特别是之后建立的印度软件技术园区（STP）更是在带宽问题上毫无障碍。

第四节　知识资源

按照波特的产业竞争理论，生产要素里面的细分把"知识资源"界定为"一个国家在科学、技术和市场知识上的发展，也会关系到产业产品和劳务的表现"。[②]同时，他也认为知识资源存在于科研院所等研究机构和统计部门，波特还特别提及"行业协会"也是知识资源的重要来源。

印度软件和服务业企业行业协会（NASSCOM）在印度软件兴起的 20

[①] 印度 Videsh Sanchar Nigam Ltd（VSNL），是印度最大的电信和互联网服务公司，也是世界上最大的国际带宽提供商之一，提供国际和本地的长途（电话）和互联网服务，以及端到端的企业级电信解决方案。

[②] 迈克尔·波特. 国家竞争优势[M]. 北京：华夏出版社. 2002：71.

世纪 90 年代，推动了电信产业开发及私有化，使得网络服务提供商（ISP）从 1 个发展到 150 个，VSNL 网络连接费用从原来的每小时 30 卢比降低到包月 500 卢比；推动政府颁布反盗版法；规范软件外包业务流程，广泛开展业务发展论坛。在 2000 年后，NASSCOM 强化了全球协调作用，对美进行产业宣传及游说，致力开拓欧洲市场；组织会员企业强化产业升级，进军附加值丰厚的产业链高端；开展多视角战略研究，为会员企业提供创新高端咨询服务；规范人才培训标准，为印度软件部门提升储备人力资本；为印度 IT 企业营造良好的社会环境等。①

---

① 祁鸣，李建军. NASSCOM 在印度软件产业发展中的作用[J]. 中国科技论坛，2007（10）：139-144.

第六章 印度的教育发展

第一节 印度初等教育

印度政府认为,教育是撬动社会、经济和政治改革最重要的杠杆。在21世纪,具有相关知识、态度和技能,受过良好教育的国民,是经济社会发展不可或缺的元素。教育也是经济社会发展强有力的工具,对于构建一个公平正义的社会具有至关重要的作用。教育能够为经济向好提供技术和技能支持。教育同时也作为社会一体化的力量,传授价值观,增强社会凝聚力和民族认同感。初等教育①在教育体系中处于起步、基础地位,因此显得尤为重要。

初等教育获得更多的教育公共支出支持。基于对教育重要性的认识,在"十一五"计划期间,有关教育方面的公共支出大幅提高。教育支出占GDP的比例从2004年度的3.3%提高到2011年度的4%强。教育人均公共支出从2004年度的888卢比提高到2011年度的2 985卢比。教育公共支出的大部分是依赖于地方邦提供的,在"十一五"期间,地方邦对

---

① 对于印度初等教育的界定,学界有好几种看法。印度学者Harman Kullar认为初等(elementary)概念包括小学(Primary)和初中(Upper Primary)。(详见[印度] Harman Kullar:"印度的初等教育",《南亚研究》,2011年第2期,第144页。);我国一些研究者认为,印度基础教育(elementary education)一般指6~14岁儿童接受的1-8年级教育,包括初小5年和高小3年,而初等教育(primary education)则常指基础教育的前半部分。(详见张媛,任翠英:"为了更加公平的教育——由印度的基础教育改革历程着眼",外国教育研究,2008年第5期,第35页。)本文认为,印度实行10+2+3学制,10年包括初等教育阶段(八年)和初级中等教育阶段(两年),初等教育阶段又分为初小(1~5年)和高小(6~8年级)两段;2是指高级中等教育阶段,印度基础教育就是指10,即包括初等教育阶段、初级中等教育阶段,相当于中国的小学、初中。文中的初等教育翻译为"primary education"。

教育的公共支出以每年 19.6%的比例快速增长。中央和邦政府总的教育公共支出在"十一五"期间估计为 1 244 797 万卢比。其中，35%为计划性支出，65%为非计划性支出。大概 43%的教育公共支出投入到初等教育，25%投入到中等教育，32%投入到高等教育。在邦政府的教育公共支出方面，75%的支出是用于学校教育，其中 44%用于初等教育，30%用于中等教育。

初等教育阶段儿童入学率基本达到世界水平。近年来，印度在提高受教育机会方面取得了巨大的进步。劳动人口（指年龄超过 15 岁）平均受教育的年限从 2000 年的 4.19 年提高到 2010 年的 5.12 年。初等教育阶段的儿童入学率现在已经基本达到世界水平。年轻人的识字率从 1983 年的 60%提高到 2009 年度的 91%，成人识字率从 2001 年的 64.8%提高到 2011 年的 74%。

教育公平的鸿沟消弭也取得了良好的进展。印度教育的不公平状况得到了很大程度的缓和，受教育年限的基尼系数从 1983 年的 0.71 下降到 2010 年的 0.49。初等教育的性别鸿沟随着男女入学年限比例而大幅下降，到 2012 年，印度全民识字率达 74.04%。

初等教育师资和基础设施有了一定的改善。"十一五"期间，印度初等教育师资的补益有了实质性的增长。所有被批准的教师职位在初等教育普及计划（Sarva Shiksha Abhiyan，SSA）和邦预算都完成的情况下，印度生师比可以达到 27∶1。这显然已经高出"十一五"中所提出的"生师比从当下的 40∶1 调低至 30∶1"目标。在初等教育普及计划的指导下，印度学校的基础设施建设有了较大规模的发展。除了新开 30 万所新学校之外，初等教育普及计划还给现有的学校提供了基本的教学设施。2005 年度平均每间教室安排了 39 位学生，到 2009 年度，人数下降为 32 人，教学场所得到了进一步改善。但是仍然有大量的学校连基本的教学设施都没有配备。只有 4.8%的政府学校配备了儿童免费义务教育法案（简称 RTE）所规定的九成设施，大约三分之一的学校配备了七成设施，30%的学校教育设施的配备还不到五成。

印度政府于 2001 年开始推行的 SSA 项目，旨在推进初等教育的普及化。作为"十一五"期间面向初等教育的旗舰项目，该项目极大地推动了初等教育在"十一五"期间的发展。当然也不能忽略其他政府项目在其中的作用，如初等教育营养支持项目（National Programme of

Nutritional Support to Primary Education)、午餐计划（Mid-Day Meal Scheme）、教师教育计划（Teacher Education Scheme）、妇女平等教育计划（Mahila Samakhya）、穆斯林学校高质量教育计划（Schemes for Providing Quality Education in Madrasas）。截止到2011年度，SSA项目累计开办新学校209 914所；开办新高小（Upper Primary School）173 969所；修建初小192 392所；修建高小105 562所，增建教室1 603 789间，厕所583 529间，饮水设施223 086个；增加教师1 965 207名。①

女童受教育机会有了很大进展。印度儿童受教育机会的性别差异非常大，即便在"十一五"计划实施的前一年度（2004年度），女童受教育的机会也远远低于男童，该年度间男女童毛入学率相差近10%。印度绝大多数地区高小女童入学率要低于男童。性别平等指数（Gender Parity Index，GPI=女童入学率/男童入学率）大于等于全国平均水平0.92的地区有23个。其中GPI最小地区为比哈尔邦0.73，最大地区为锡金邦（Sikkim）1.21。

"十一五"期间，上述情况发生了转变。在2006年度与2009年度，印度新增入学儿童721万，其中女生占到了新增入学儿童的大多数，达530万。她们中的一半多（占53%）属于表列种姓、表列部落女孩。"十一五"计划主要采取三个措施帮助女童接受教育：一是在印度27个邦和联邦地区建立了3 600所Kasturba Gandhi Balika Vidyalayas寄宿学校；② 二是在教育落后地区建立了7 000所早期儿童护理中心；三是在10个邦重点贯彻落实妇女平等教育计划（Mahila Samakhya）。③

---

① 资料来源：（http://mhrd. gov. in/statistics_data）公布数据。
② Kasturba Gandhi Balika Vidyalaya Scheme（KGBV）项目是印度政府于2004年启动的，主要关注"表列"（即官方认可的）种姓和部落的女童和其他处于社会边缘弱势群体的少数民族女童，重点在女性文盲率高于全国水平的地区和存有大量失学女童的农村开办寄宿学校。
③ 妇女平等教育计划（Mahila Samakhya），该计划于1989年启动，主要面向农村地区特别是处在社会和经济边缘的弱势妇女和女童。主要措施包括：通过寄宿制学习中心为女童提供短期和长期课程；通过非正式教育为年长失学女童提供专门教材，开设特殊的课程，进行教育等。

第二节　印度开展社区学院计划

纵观全球，社区学院办的有特色、有成效的国家主要有美国、加拿大等。我国学者对上述两国社区学院的系统研究也比较多，而对同我国一样拥有巨量人口的印度的社区学院相关研究少之又少。目前，中印都面临经济转型对提高人口素质的巨大压力，反映在教育上就是倒逼教育体系变革，要求政府针对经济社会发展的变化对教育体系及时做出适当的调整和回应。因而，印度在2012年发布了大学拨款委员会（University Grants Commission，UGC）指导下的社区学院纲要，也称之为印度高校（2012—2017）社区学院计划。该计划对印度社区学院设置的目标、课程、基础设施、师资、管理等都做出了相应的规范。

在2003—2008年金融危机之前，印度经济以年均9%的幅度高速增长，这得益于印度特有的经济结构，印度第三产业占国民经济总产值达60%左右，服务业尤其是软件IT产业的增长带动了整个经济体的高速增长，但印度制造业比较落后，第二产业由于市场开放程度较低，基础设施偏差，劳动力优势没有挖掘等原因，一直裹足不前，在2008年金融危机之后，印度产业发展不均衡带来的负面作用就突显出来，2012—2013年度，印度GDP增速下降到5%，表现为就业压力增大、财政赤字居高不下，通货膨胀不容乐观，经济增长缓慢等，严重阻碍了印度各方面的发展。

印度政府意识到，要促使经济协调发展，必须发展"印度制造"，制造业的发展必然需要大量的有技术的产业工人作为依托，但印度现在面临一个人力资源供需不均衡的困境，整个经济体的发展越来越注重"技能化"，需要更多技术人员、经理人和企业主，而在现实上，印度大多数高校科研院所与工厂、企业联系并不紧密，并不了解生产所需。印度传统的高等教育系统在课程时间、教学周期、学习场所以及课程选择方面又非常严格。如果说政府的公共教育系统不能提供的教育可以在市场上获取，那么也可以解决该矛盾，但在市场上一些可以获得的技能导向课程对于雇主而言其可靠性和可接受性又较低。因此，夯实、变革公共教育体系就摆上了印度政府的台面。

此外，现今印度有超过50%的人口是在30岁以下，是个公认的年轻国家。据估计，到2025年印度将占世界总的劳动力的25%。为了充分利用人口红利，印度也迫切需要构建一个更为灵活、高效的教育系统。该教育系统对个体而言进入门槛便利、费用低廉；对社会而言意味着高质量以及与经济社会发展的紧密结合。

在这样一个宏观背景之下，2012年，印度计划委员会公布的"十二五计划"就非常注重在高等教育系统中强调技能型课程的扩张。计划委员会建议建立社区学院（Community Colleges，CC）来满足多方面的需求，以缓和上述矛盾。建立社区学院的提议在2012年2月22日举行的邦教育部长会议上一致性通过。由9个邦教育部长组成的委员会在会后继续落实完成社区学院计划的概念和框架。教育部长委员会在与各有关方面进行广泛磋商之后向政府提交了一份报告。该报告在2012年6月6日召开的会议上得到了各邦教育部长的赞许。印度政府接纳了该报告，并决定在"十二五"计划中引入社区学院计划。

印度社区学院计划完善了印度高等教育体系，为IT人才的培育进行了普通教育与职业教育的衔接。其所具有的服务社区、开展普通教育、进行职业教育的办学职能，为印度高等教育构建了一条更为完整的高等职业教育生态链。

印度社区学院提供灵活开放的教育，学费低廉，能够被社区大部分个体容易获得，能够满足社区成员终身学习的需要。社区学院准入门槛定位为给贫困学生提供一个较低、容易进入的窗口。社区学院开设课程不仅包含职业技能发展的内容而且包含传统理论内容，能为学员提供直接进入就业部门或者更高层级教育机构的机会。社区学院在社区与就业市场两者之间搭建了互联互通的桥梁，包括：面向就业市场，为当地雇主提供合同培训和教育项目，为学员提供职业导向教育，为不准备进入传统大学的中学毕业生提供高技术个性化补救教育，提供一个转入学院机构的路径；面向社区，为社区个体发展和兴趣提供综合兴趣课程，把生产技术性车间引入到社区学院，注重技能培训。

印度社区学院计划还深化了IT等技能教育。印度高等教育质量一直受到诟病。由于大量私立大学和学院的存在，以及师资等其他原因，印度大学毕业生缺乏企业必需的知识和技能，表现为就业能力不强和实践能力不足等，使学生"毕业即失业"。印度社区学院的设立非常注重技能教育的培养，为整个高等教育体系注入了更多的技能要素。印度社区学院课程设计严格按照国家职业标准（National Occupational Standards）进行，课程的技能部分以就业为导向，依据地方行业不同时期的需求来提供知识和技能混合科目。印度社区学院计划明确要求，社区学院要与行业保持紧密联系，以便能依据当地经济发展不断变化的要求培养合适的人才，使人才培养与行业发展相适应。社区学院也应该能够在促进和保护当地的文化遗产如艺术、工艺、手工、音乐、建筑等方面发挥作用，同时通过适当的课程设计确保就业以及包括自主创业和企业家精神的培养。

印度社区学院计划还强化了市场主体地位。尽管高等教育不能完全与市场化挂钩，但高等教育发展不断借力"市场"是个不争的事实。印度社区学院计划有一个特点就是注重市场化的推进，从社区学院设立的初衷就可以看出市场对高等教育推动演进的路径走向。在课程安排、资金筹措、管理评估、行业的关联以及 PPP 模式的运营等都可以看出印度高等教育市场主体地位的强化。印度社区学院要弥补高等教育技能传授方面的空缺，没有市场的参与几乎是不可能完成的任务，市场提供了行业参与的兼职教师、培训场地、职业岗位去向、大量的社会资金参与等，这对于 IT 产业发展来说是有利的。

此外印度社区学院计划还构建了普通教育和职业教育的立交桥。可以看出，近年来，印度政府紧锣密鼓布局高等职业技术教育，致力于解决传统的大学普通教育与职业技术教育之间长期存在着的壁垒和矛盾，以实现普通教育和职业教育的横纵连接，构建普通教育与职业教育的立交桥。

第三节　印度设置职业学士学位

印度作为仅次于中国的人口大国，如何把人口数量优势转变为人力资源优势，一直是印度政府努力的方向。近年来，随着印度经济的发展，特别是服务业部门迅猛发展，进一步扩大了印度人力资源供给和需求的矛盾。这迫使印度高等教育急需调整方向，从而确保高校毕业生有充分的知识和技能去满足企事业单位的需求。因此，高等教育系统要在学位设置、课程安排上更为灵活，更富有创造性，培养出能力全面，经过良好训练的毕业生，达到满足各行业人力需求的目的。

为了培养大量具有合格技能的熟练劳动力，印度人力资源开发部在2012年9月颁布了国家职业教育资格框架（National Vocational Education Qualification Framework，NVEQF）。该框架贯彻了一个重要的理念——职教高移，那就是在高等教育层次上积极发展更高层次的职业教育，培养本科及以上层次的技术专家（technologists），创设职业学士学位（Bachelor of Vocation，B.Voc.）。这是印度教育主管部门对职业学士学位开设的一种设想。随后，印度财政部又根据内阁委员会在2013年12月19日召开的关于技能开发决议，发布国家技能资格框架（National Skills Qualifications Framework，NSQF），用于取代NVEQF。2014年，大学拨款委员会（University Grants Commission，UGC）在NSQF框架下推出高校职业学士学位纲要，公布高校职业学士学位申请方案，鼓励高校向大学拨款委员会提交引入职业学士学位项目投标书。高校职业学士学位在印度正式落地推行，这对于印度职业教育来讲，具有里程碑式的意义。

印度大学拨款委员会之所以能够启动基于高等教育并作为高校一部分的技能开发项目——职业学士学位，是其本身的功能所致。UGC有权采取它认为适当的措施，促进和协调高教的发展，确定并维持大学中的教学、考试及研究标准，该机构还具有调查各大学的经费需求，分配并发放给各大学的拨款职能。职业学士学位有多路径的出口，可以在国家技能资格框架下获取文凭或者高级文凭。职业学士学位项目不仅要为高校本科学生提供充分的通识教育，还要求涵盖具体的职业角色的内容，所有职业技术内容必须符合"国家职业标准"（National Occupational Standards，NOSs）。

印度职业学士学位的设置是经济社会发展的必然结果，体现了时代特征，对于印度职业教育发展具有深远的影响，对于IT人才的培育是有重要影响的。

（一）顺应了经济发展的需要，实现了职教高移

近年来，印度服务业的迅猛发展使印度拥有"世界办公室"的美誉，印度经济全球化程度不断加深，这对印度高校人才培养和社会服务方面

提出了更高的要求。人才需求不仅在数量上，而且层次类型上更为多样化，培养应用型职业本科学位人才有了现实的需求。

当前，印度实行的是"10+2+3"的教育模式，10为普通教育，2（相当于我国的高中）实行双轨制，设有两套体系，一套用于让上普通大学的学生接受高级中等教育课程，另一套是用于便于学生通过职业教育与训练从而就业的课程。"10+2"体制的实质是在高中阶段进行分流管理，让学生按自己的意愿接受普通教育与职业教育两套不同的课程。

因而，从宏观层面上，职业学士学位（B.Voc.）的设置不仅顺应了经济发展的现实需求，也使职业教育层级得到完善，真正实现了职教高移，拔高了职业教育的档次；从"10+2"的学生层面上，客观上给学生提供了更为完善的更高级职业教育的机会，学生可以更为方便进入职业学士学位教育体系，赋予了更多的进口和出口，可以吸引更多的学生参与到职业学士学位体系中。

（二）技能教育紧贴"国家职业标准"，确保了学位质量

"国家职业标准"主要由部门技能委员会（Sector Skill Councils，SSCs）负责制定。SSCs是由国家技能发展协会（National Skill Development Corporation，NSDC）从产业界和雇主中推选的代表组成，主要负责制定、收录和提供技能部门中每项工作或岗位的国家职业标准。

在国家技能发展协会下面，体现行业差别的各部门技能委员会正在建立。部门技能委员会托管授权的任务之一就是为相应的各行业不同的职业角色完善国家职业标准。因此，高等教育系统要培养具有就业能力的毕业生，为具体职业角色植入相应的能力要求是非常重要的。从职业学士学位设置的内容可以看出，职业学士学位非常强调技能教育，从专业细分、课程设计、学分安排、监督评估方面使得技能教育符合"国家职业标准"，保证了职业学士学位的质量。

（三）产教协同，体现了职业学士学位的"职业性"

职业学士学位的特性在于其学位的"职业性"。产业界和教育界的协同合作，才能使学生所学职业技术符合社会行业的需求。UGC要求高校

在职业学士学位课程设计上要尽量与行业协商，行业代表应该是高校学术机构里不可或缺的一分子。也只有这样，才能有效按照各个部门技术委员会制定的国家职业标准来校准技能内容的课程设置。

印度职业学士学位教育教学引入了部门、行业专业人员指导、服务和质量监控，搭建了两者之间合作的通道，初步建立了教育部门组织主导、行业有效参与指导和部门行业广泛参与的产教协作新机制。形成了以行业部门为依托，推进职业学士学位专业设置、课程安排、教材开发、实训基地等领域的深刻变革。

第四节 印度实施"国家职业教育资格框架"

当前，印度教育实行"10+2+3"学制，即10年的普通教育、2年的高级中等教育和3年本科阶段的高等教育。印度的职业教育，不仅包括进入大学前的职业教育，还有进入大学之后的职业技术教育——工程技术教育。除此之外，印度职业教育体系还包括技工培训的工业职业培训学校、技术员教育的专业技术学校以及企事业单位的学徒培训制、特殊人群培训计划、高级职业培训计划。

自1947年印度独立以来，其职业教育经历了几个关键阶段。其中，印度政府在1986年制定的"国家教育政策"，明确了职业技术教育在教育体系中的地位。而2012年9月"国家职业教育资格框架"（National Vocational Education Qualifications Framework，NVEQF）的颁布及其实施，标志着印度现代职业教育体系已渐趋完善。NVEQF是印度近三年来推进职业教育发展最大的手笔，带来了印度职业教育的新面貌。

NVEQF是一个描述性的框架，主要根据一系列知识以及技能层次来划定资格，每个具体层次的职业标准就构成了资格。知识和技能层次代表着一定的能力或者技能。要具有某个层次资格，意味着学员必须具有达到某个层次职业标准的能力。不管这些能力的获得是通过正式或者不正式的教育和训练得来。

每个具体层次的职业标准即资格的划分，使学员、教育和技术培训方、雇主，都统一在职业教育资格框架下。学员可以从任何一个普通教育或者职业教育的起点出发，从一个较低层次掌握规定技能或者知识之后进入到较高层次。NVEQF不仅打通了职业教育内部上升的通道，也使普通教育和职业教育之间有了横向的通路，这是个多路径的横纵相通的路径。在"十二五"期间（2012—2017），印度职业教育的一个基本方向就是在NVEQF指导下推动职业教育发展。此外，在"十二五"计划中，印度政府还将进一步加大对职业教育的课程开发，加强对设施、设备的投入，就像德国和许多其他工业化国家一样，职业教育按照NVEQF安排单元课程，可以为学员、雇方、就业市场提供更为便捷和有效的进入和退出通道。

第七章　需求条件

需求市场主要由两部分组成，包括国外需求市场和国内需求市场。波特指出，内需市场即母国市场的影响力是产业发展的动力，主要通过国内客户需求、国内市场规模、国内市场需求转换为国际市场需求的能力三方面来不断刺激企业改进和创新。

一是国内客户需求培育内行且挑剔的客户，形成本国厂商追求高质量、精致服务的压力，激发本国企业产品和服务升级，帮助厂商掌握市场的预期性需求，形成竞争优势。

二是母国市场规模越大，越可获得规模经济，可以激励厂商投资，但有时候国内市场的丰裕也会导致厂商失去外拓的意愿，但是对于某些需要大量研发、大量生产、高风险产业，国内市场规模显得尤为重要。另外，国内市场客户多寡，母国市场需求成长对于产业竞争力也有影响。国内市场客户越多，越容易形成彼此竞争的压力，相比被有限几家大客户垄断更有创新动力；内需成长率高，可以鼓励厂商增加投资、更新设备、技术升级。

三是国内市场国际化，利用机动性强的跨国型本地客户或者通过国内需求转移和教育国外客户自然而然地将产品和服务推向海外。

第一节　国外需求

印度信息技术产业初始于本国经济发展水平低下，国内市场缺失，政府政策对于私营企业并不友好等非典型性条件之下。20世纪70年代，总部位于孟买的一些IT企业开始创新性的利用全球IT市场需求，派出程序员去海外公司工作。20世纪80年代末，由于互联网的兴起，美国对程序员的需求进一步扩张,大量印度程序员通过H1-b签证来到美国。以拉吉夫·甘地为代表的印度精英开始认识到电子信息技术正成为世界经济发展的潮流,为规避国内需求劣势,对信息技术产业实施出口导向战略,紧盯国际市场,软件及服务出口从20世纪80年代末开始取得了飞跃式发展,在1995年以及1997年年增长率甚至超过了60%,见表7.1。

表7.1 1987—2005年印度软件及服务出口增长率

财政年度	软件及服务出口/百万美元	比上年增长/百分比
1987—1988	52	—
1988—1989	67	29
1989—1990	100	49
1990—1991	128	28
1991—1992	164	28
1992—1993	225	37
1993—1994	330	47
1994—1995	450	36
1995—1996	734	63
1996—1997	1 100	49
1997—1998	1 759	60
1998—1999	2 600	48
1999—2000	3 400	31
2000—2001	5 300	56
2001—2002	6 200	17
2002—2003	7 100	15
2003—2004	9 200	30
2004—2005	12 200	33

数据来源:Nasscom(2001,2002,2003,2004,2005)。

印度能够迅速利用低成本、高质量的人力资源优势抢占国际市场,与以下因素有关。

一是印度信息技术产业出口主要是信息和定制软件服务而不是实物

制品，印度信息技术产业的优势在于专注于服务业，特别是 ITeS。ITeS 的一个显著特征是通过互联网以虚拟方式实时提供服务，这与制造业不同，因此，印度 IT 产业能够在初始阶段跳过国内需求，在外部基础上蓬勃发展，国内市场的制约因素反而促使印度 IT 企业进入利润更为丰厚的出口市场。

二是 20 世纪 80 年代，全球基于大型机的编程和制造商特定的操作系统和语言让位于基于工作站的编程和标准操作系统及高级语言。这些变化模块化了编程功能，即编程此后可以独立于硬件平台，软件开发、系统设计成为独立的功能，编程项目可以在远程位置进行协调，这为印度软件及服务业开展离岸开发的新商业模式提供了可能。

三是定制的软件服务市场是个巨量市场。许多类型的服务，例如那些涉及数据维护/系统维护的服务对于欧美市场的 IT 企业来说属于低价值内容，为了节约成本，纷纷选择了把这些非核心业务外包给其他国家，由于发展中国家具有劳动力资源廉价且丰富、非工会劳动力供给、有利的劳动力市场调节以及税收优惠政策支持等优势，发展中国家特别是以印度为龙头正好承接了这部分市场需求。

四是除了成本激励，全球外包提供了其他几个实际的好处，包括跨国公司有效地实现 24×7 全天候不间断运营，有助于定制产品和服务以满足地方性需求，并部署工作人员在全球分散的高度竞争的市场上取得成功。

印度公司以相当低廉的价格提供了超越预期的质量和服务之后，证明了印度工程师在服务外包方面的能力。到 2004 年，印度 IT 出口目的地超过 60 个国家，美国是最主要的 IT 出口目的地，份额组成为美国 69.4%、英国 14.5%、日本 3%、德国 2.8%、新加坡 1.8%，这几个国家总量达到了 91.5%。[1]到 2005 年，印度海外 IT 市场份额增长迅速，拥有全球外包 IT 服务 3.3%的市场份额，全球财富 500 强公司将近一半是印度 IT 公司的客户，全美最大的 100 家公司几乎都把印度作为他们首选的海外软件合作对象。[2]

---

[1] NASSCOM. The IT-BPM Sector in India: Strategic Review 2004[R]. NASSCOM, 2004.
[2] NASSCOM. The IT-BPM Sector in India: Strategic Review 2015[R]. NASSCOM, 2015.

第二节 国内需求

在解释需求条件时，尽管波特也认为国内需求和国外需求都非常重要，但他更趋向于认为国内需求是获取竞争优势的决定要素，而印度信息技术产业的成功却是外部需求主导的结果。

事实上，尽管印度信息技术产业发展前期国内需求确实不大，但随着经济社会的发展，印度IT市场的国内需求具有越来越大的潜力，如表7.2所示，1996—2004年印度软件及服务部门营收急剧增长，从1996年的18.6亿美元增加到2004年的165亿美元。增长主要来自出口，到2004年，近73.9%的营收是以软件及服务出口的形式获得的。

表7.2 1996—2004年印度软件及服务部门年营业额

年份	总计/10亿美元	出口营业额/10亿美元	国内营业额/10亿美元
1996—1997	1.86	1.10	0.76
1997—1998	2.94	1.76	1.18
1998—1999	4.01	2.60	1.41
1999—2000	5.3	3.4	1.9
2000—2001	7.8	5.3	2.5
2001—2002	8.7	6.2	2.5
2002—2003	9.9	7.1	2.8
2003—2004	12.8	9.2	3.6
2004—2005	16.5	12.2	4.3

数据来源：Nasscom（2004年、2005年）汇编。
注：由于汇率的变化，数字可能会有一点变化。

通过表7.2我们也可以观察到，印度软件及服务部门的国内营收从1996年的7.6亿美元增长到了2004年的43亿美元，9年间增幅高达565%，国内市场的成就只不过被出口市场的耀眼数据所掩盖。硬件部门的营收主要来源更是主要在于国内市场。

21世纪初，印度国内市场软件业务活动占主导地位的主要还是被西方特别是美国打包软件研发。随着全球化的到来，信息技术在印度国内市场日益普及，政府鼓励的电子政务项目、互联网用户的指数增长、计算机和移动电话的渗透，以及远未开发的市场，为国内市场扩张提供了足够的空间。相对国际业务，印度信息技术产业转向于国内市场，面临的压力较小，可以规避类似美国经济低迷等出口市场风险。为此，印度IT企业越来越重视充分利用国内市场去对冲出口市场的不确定性所带来的负面效应，利用国内市场的增长补益软件和服务出口的增长。印度IT公司逐步把视野收回到国内市场，为之提供服务和解决方案，而且国内市场的逐步发展还可以帮助印度IT企业在全球市场上更为精细化运营，还能够预知和应对新兴市场的需求。

国内市场对IT的需求可以通过用户行业和行业垂直部门的需求来分析。国内范围对IT外包的需求主要是一些专注于核心业务、提高运营效率的公司驱动，目的是为了更好利用全球资源。早期采用IT的行业主要有银行、金融服务和保险（BFSI），电信相对来说也已经比较成熟，新兴的垂直领域有零售、医疗保健和政府应用等。

自从2008年开始，印度国内IT产业活动开始提升价值链，大量的IT咨询项目在国内市场开展。印度公司开始开发打包软件包括以印度语和阿拉伯语为脚本的语言文字处理包、会计包、少数产业特定产品定制服务、ERP包、股票经纪产品，一系列复杂软件包已经应用在国内市场和公共部门，包括印度铁路技术经济服务部门、印度旅游总公司，由于国内市场的示范及教育效应，许多产品在国外市场同样受到青睐。[①]

目前，"数字印度""印度制造"驱动印度进一步发展信息技术，建设覆盖全国的移动连接网络，通过技术再造政府流程，以及电子传输发送为国民服务。据NASSCOM 2014年报，2013年印度有9.2亿电信用户、4 000万智能手机、2.13亿互联网用户、3亿App的下载量，2013年电子商务收入达130亿美元。[②]近五年来，印度国内IT市场进入了井喷阶段，国内部门的增长让出口部门相形见绌，2013年国内市场比上年增长14.1%，而出口增长则为10.2%。[③]

---

① D'Costa A P. India in the global software industry: Innovation, firm strategies and development[M]. Springer, 2003: 83-111.
② NASSCOM. Indian IT-BPM industry overview 2014[R]. NASSCOM, 2014.
③ NASSCOM. Indian IT-BPM industry overview 2013[R]. NASSCOM, 2013.

此外，印度信息技术产业的国内市场与新兴技术比如面向服务的架构（SOA）①、软件即服务（SaaS）②和云计算紧密结合。可见，国内部分与出口部门（历来是领先者）的特点相匹配，这意味着国内需求在产品复杂性、交付灵活性和服务供应方面逐步成熟，标志着印度国内市场逐步成熟，而且随着云时代的到来，未来印度的4 700万中小企业能够迅速弥合技术应用的鸿沟，国内IT市场将进一步打开，为印度信息技术产业发展注入新的动力。

---

① 面向服务的架构（SOA）是一个组件模型，它将应用程序的不同功能单元（称为服务）通过这些服务之间定义良好的接口和契约联系起来。接口是采用中立的方式进行定义的，它独立于实现服务的硬件平台、操作系统和编程语言。这使得构建在各种各样的系统中的服务可以以一种统一和通用的方式进行交互。

② SaaS 是 Software-as-a-service（软件即服务）。SaaS 提供商为企业搭建信息化所需要的所有网络基础设施及软件、硬件运作平台，并负责所有前期的实施、后期的维护等一系列服务，企业无需购买软硬件、建设机房、招聘IT人员，即可通过互联网使用信息系统。就像打开自来水龙头就能用水一样，企业根据实际需要，向 SaaS 提供商租赁软件服务。

第八章 信任条件

信任最初在网络组织[1]、组织管理[2]、社会学[3]研究较多，主要认为信任是一种关系协调机制，核心点是愿意接受风险、积极的预期，而对于信任的成因、信任的维度认知不尽相同。在信息技术产业中，特别是软件服务外包领域，"距离"使得信任尤为重要，信任被认为是客户和供应商对彼此的行为都有个积极的预期，而且以理性的态度去承担这种预期所具有的风险。总体而言，信任是合作及交易的基础，信任有以下作用，一是降低交易成本，减少冲突；二是促成不同时间和空间的连接，为经济主体理性选择提供稳定的预期，提高项目成功的可能性；三是促成伙伴型外包关系建立，建立长期合作关系。

如前所述，印度信息技术产业最耀眼的部分是其软件及其服务部门的国际市场的开拓，软件服务外包特别是离岸外包赢得了国际声誉，赢得了以美国为主的市场。但软件服务外包必然要面临地理和时间的距离，如图 8.1 所示。由此产生的不同流程成熟度、开发和测试工具的标准和协调性、工作人员技术能力的差异以及文化差异带来的沟通问题等，每个方面都可能对产业发展造成负面影响，因此软件服务外包项目成功的关键因素是发展信任与合作。[4]

Oza（2006）对印度 18 家高成熟度的软件供应商公司进行实证调查研究后发现，信任在外包关系中往往非常脆弱，在外包中获得初始信任的核心要素包括以前客户评价和供应商在外包业务中的经验；对于已经建立起的外包关系要维持信任其关键要素是透明、可证明性、诚实敬业、

---

[1] Anderson J C, Narus J A. A model of distributor firm and manufacturer firm working partnerships[J]. the Journal of Marketing, 1990: 42-58.
[2] Tyler T R. Trust in organizations: Frontiers of theory and research[M]. Sage, 1996.
[3] Social exchange in developing relationships[M]. Elsevier, 2013.
[4] Casey V. Developing trust in virtual software development teams[J]. Journal of theoretical and applied electronic commerce research, 2010, 5(2): 41-58.

遵循流程。[①]Babar（2007）等人认为在软件离岸外包中，文化理解、信誉、能力是获得客户最初信任的关键因素，而文化理解、沟通策略、合同一致性、及时交付又是维持这种信任的重要因素。[②]

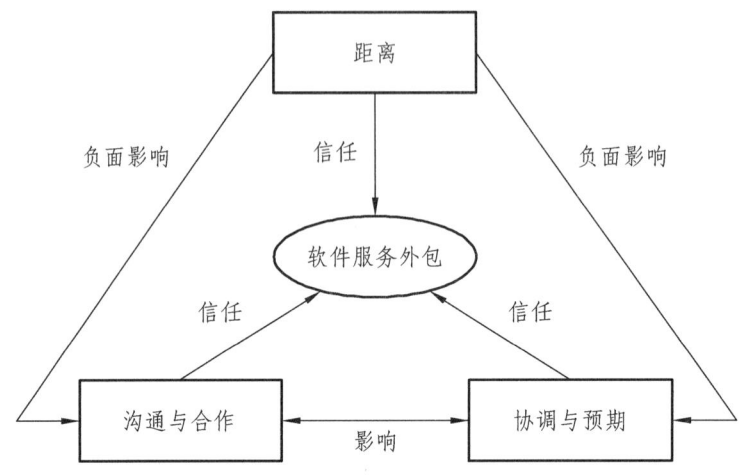

图 8.1 距离、信任、软件服务外包关系示意

可见，作为社会资本的信任对于印度信息技术产业的发展非常重要。

一是在合作关系中，信任产生更开放的沟通、更高质量的决策，促使客户和供应商从最初的合作关系转变为长期战略性伙伴关系。印度 IT 公司提供的离岸外包不再仅仅被视为一种即时的劳动力成本优化或一种杠杆效率。一些印度 IT 公司被欧洲客户选为离岸供应商，在寻求创新软件产品和业务解决方案中建立了紧密、长期的战略伙伴关系，实现了广泛知识共享，提升了印度信息技术产业的竞争力。印度 IT 供应商在大量参与开发欧洲客户的业务中，特别是参与大型和复杂的战略项目，不断研发推出新的 IT 服务组合，也因此加强他们作为复杂业务解决方案提供者的地位。

---

① Oza N V, Hall T, Rainer A, et al. Trust in software outsourcing relationships: An empirical investigation of Indian software companies[J]. Information and software Technology, 2006, 48(5): 345-354.
② Babar M A, Verner J M, Nguyen P T. Establishing and maintaining trust in software outsourcing relationships: An empirical investigation[J]. Journal of Systems and Software, 2007, 80(9): 1438-1449.

二是信任不仅可以与国外大客户建立长期的盈利关系,两者还构建了互为依存的关系,成为产业竞争力的新来源。为了使供应商将能够可靠有效地提供高质量的服务,国外客户参与员工培训,客观上给印度IT企业供应商在特定的业务领域提供了学习和发展专业知识的机会,从而提高供应商进入其他类似的基于知识的项目机会,提升了印度信息技术产业的竞争力。

三是信任为基础的国内企业合作,可以降低项目风险和成本,提高合作效率,增强企业和产品竞争力。特别是信任导致的交易成本下降,给产品和服务带来价格上的竞争优势。

印度信息技术产业的信任条件主要表现为高质量的印度侨民网络以及在IT业界广泛采用的严苛质量认证。

第一节 高质量的印度侨民网络

Kapur(2001)经过一系列的案例实证研究,认为发展中国家的侨民在提高和保证发展中国家企业的声誉方面发挥了极大作用。[①]在发展中国家对外贸易中,促进新业务形成和发展的机构往往比较薄弱,侨民与其母国企业家构建的一套非正式跨境网络作为国际社会的重要中介机构,在克服跨境信息障碍方面非常重要,能够帮助降低国际贸易中的交易成本,为原籍国的国内企业家提供更有效的服务,大大消减国际法律环境下的机会主义行为,从而有助于增加双边贸易,促进国内创业和经济增长。[②]

印度侨民是世界经济中重要而独特的力量。印度人近几个世纪以来一直在迁移,最大规模的移民发生在十九世纪和二十世纪。特别是1947年印度独立后,大量受过良好教育的印度人为寻求更好的发展机会开始迁移到像英国、美国、加拿大、澳大利亚和新西兰这样的发达国家。特别要提到的是,1965年美国国会通过了《1965年移民和国籍法案》(the

---

[①] Kapur D. Diasporas and technology transfer[J]. Journal of Human Development, 2001, 2(2): 265-286.

[②] Nanda R, Khanna T. Diasporas and domestic entrepreneurs: Evidence from the Indian software industry[J]. Journal of Economics & Management Strategy, 2010, 19(4): 991-1012.

Immigration and Nationality Act,简称 1965 年移民法)标志着美国对 20 世纪初的限制移民政策的改变,大量的印度人在 1960 年代和 1970 年代移民至美国,到 2001 年,在美国大约有 150 万印度人,他们的构成主体是受过教育的专业精英阶层如工程师(主要是 IT)、科学家。到 21 世纪初,印度有超过 2 000 万人定居在全球 70 多个国家,在马来西亚、英国、美国、加拿大、南非、澳大利亚、斯里兰卡等国都形成了著名的印度裔少数民族社区。

2004 年,美林证券调查发现,美国的印度裔社区可能是美国历史上最成功的移民社区。在美国 170 多万印度侨民中,有 20 万个百万富翁家庭,出生在美国的印度裔人群的年收入中位数是 60 093 美元,大大高于美国 38 885 美元的收入中位数,67%的印度裔美国人拥有大学学位,其中约 44%持有管理或专业职位。大概有超过 30 万名的印度裔美国人在美国的 IT 部门工作,尽管这个数量仅占美国 IT 员工总数的 3%,但其中相当一部分人是大中型企业的高管,他们创建了至少 15%的 IT 初创企业。[①]因为许多人都毕业于印度的顶尖大学(如印度理工学院),而且他们中的大多数人也认识印度的同行(他们通常也是哈佛商学院的校友),这些专业人士开始联合起来,成立非营利协会比如印度企业家协会(TIE)。TIE 会员全都是行业的精英和成功的企业家,他们的宗旨是建立"印度帮"的人脉网络,培养新一代硅谷印度裔创业者,该协会对印度信息技术产业和政府的 IT 政策产生了重大影响。

由于绝大多数软件业务的客户在印度之外,而且软件产品和服务的输出通常很难提前指定或容易核实,跨境正式合同极难执行,从而"关系合同"渠道对于发展业务尤为重要。到 1999 年底,印度 IT 侨民占整个硅谷 IT 专业人员总数的 24%,随着印度 IT 侨民在美国强势崛起,印度 IT 侨民个人的成功推动印度 IT 工程师的积极声誉,其搭建的人脉网络在以出口为导向的印度信息技术产业发展中发挥着重要作用,成为该产业获得初始信任、开展业务、获取资本的重要途径。

---

① Pandey A, Aggarwal A, Devane R, et al. India's transformation to knowledge-based economy–evolving role of the Indian diaspora[J]. Draft. World Bank, Washington, DC, 2004.

第二节　广泛采用严苛的质量认证

由于大多数软件开发项目都涉及设计活动，所以软件质量的度量、定义质量标准特别困难。1970年，温斯顿·罗伊斯（Winston Royce）提出了著名的"瀑布模型"（见图8.2）。直到20世纪80年代早期，"瀑布模型"一直是唯一被广泛采用的软件开发模型，但它的突出缺点是不适应用户需求的变化。

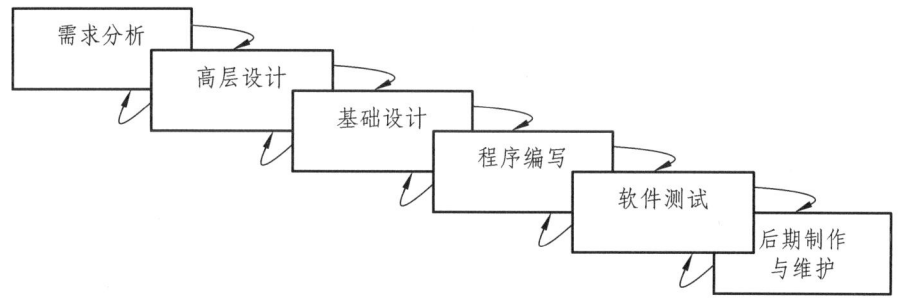

图8.2　软件开发的瀑布模型

1987年，国际标准组织（ISO）为生产标准制定了一个框架，即1SO9000系列，该系列后来也适用于软件开发。与此同时，软件工程学会（SET）开发了一个称为能力成熟度模型（CMM）的框架，最初应用于美国国防部开发大型软件系统，后来在软件开发过程中广泛应用。

大多数印度IT公司成立时间短且规模小，几乎都从事软件开发，为了能够提供世界级的IT软件产品和服务并获取竞争优势，在欧美市场站稳脚跟，无论是在谈判还是宣传上，几乎每一家印度IT公司都强调软件开发过程的质量认证，以此来强化其产品和企业的声誉，以获得客户信任并维持这种信任。印度IT企业不遗余力地追求获得最高的质量标准，采用并推行最流行的全面质量管理ISO9000和CMM等质量标准，建立以国际质量认证为核心的管理体制，规范内部管理，强化技术产品和服务质量已经成为行业共识。据NASSCOM 2002年报统计，截止到2002年，全球只有85家获得CMM最高5级质量认证的IT公司，印度就占有44家，这意味着50%的CMM 5级IT公司来自印度，而且还有22家公司处于 CMM 4 级，总共有 316 家印度 IT 公司获得质量认证以及 70 多家即将获得质量认证。①印度 IT 企业普遍采用国际质量认证主要有两大原因：首先，这样的认证被当成一个信号策略，告诉那些潜在的客户，企业一直秉承软件开发流程中的国际范例和文档处理标准流程；其次，质量认证使公司能够更好评估完成一个项目所需的资源和时间。事实上，质量认证确实也提高了印度 IT 企业的业绩，Issac（2004）等人经过实证研究证明，在 IT 产业中有质量认证公司与非认证公司在运营绩效指标方面存在显著差异，前者明显优于后者。②

在 IT 硬件制造方面，印度信息技术部（Department of Information Technology，DIT）属下的印度标准化检测与质量认证中心（Standardization Testing and Quality Certification，STQC）还广泛发展了针对电子产品的第三方认证体系即安全认证（STQC 标志）体系。

---

① NASSCOM. IT Industry in India -Strategic Review 2002[R]. NASSCOM, 2002.
② Issac G, Rajendran C, Anantharaman R N. Significance of quality certification: The case of the software industry in India[J]. Quality Management Journal, 2004, 11(1): 8-27.

第九章 政府

第一节 政府与产业发展的关系

一般认为，在发展中国家，政府在产业发展及其竞争力提升方面都扮演重要角色，差异只在于方式及程度不同。

从政府作用的外部性理论来看，英国著名经济学家、剑桥学派代表人物庇古在1920年出版的《福利经济学》中提出"外部性"理论，鼓励政府干预市场活动，矫正私人成本和社会成本之间的背离，对于发展中国家而言，市场化程度较低，市场机制往往不能达成正外部性，政府必须积极介入以获取更多的社会福利，从而对于具有正外部性的产业，政府需要施加更多政策。

从产业保护理论来看，最早可以追溯到美国政治家汉密尔顿（Alexander Hanmilton）1791年提出的幼稚产业保护理论（Infant Industry Theory），其后德国经济学李斯特（Friedrich List）的产业过渡性保护、扶植措施的理论引发世人关注，成为国际贸易中贸易保护主义的基本理论。在国际竞争日趋激烈的20世纪，由于发展中国家企业参与国际竞争的能力往往较弱，日本经济学家小岛清（1987）提出政府要根据比较成本的动态变化等条件选择有利于国民经济结构变化及要素利用率提高的产业进行保护。

从后发优势理论来看，美国经济史学家亚历山大·格申克龙（Alexander Gerchenkron）提出由于赶超战略的存在，一个国家的经济越落后，政府对产业发展作用越发明显，其工业化所需资本的动员和筹措越带有集权化和强制性特征，对大工厂和大企业的强调越明显，同时强调生产资料而非消费资料的生产。

从国家竞争优势理论来看，波特认为，政府通过支持产业创造生产要素、鼓励国内竞争、调整国家发展的优先顺序、创造产业升级压力，是获得产业竞争优势的推动者,但是如果过于强调政府角色,导致经济向政治靠拢,企业会因退缩不前而失能。①

可见,政府在产业发展中的作用比较特殊,主要表现为外生性、间接性和全面性。②外生性,指的是政府政策是以创造产业发展的环境为目标,政府通过监管框架、广泛的竞争政策以及国际贸易和投资政策来塑造商业环境。例如,政府可以通过创新政策刺激技术革新,从而从外部影响产业发展的内在条件;间接性,指的是政府并不直接参与产业生产或经营,只是运用经济、政治、法律手段间接影响产业发展;所谓全面性,是指政府的作用范围较广,从产业组织中的等级制度、公司业务线的配置、生产的组织到面向出口还是专注于国内市场、是否缔结国外或国内联盟等各个层面影响产业竞争力的形成,而且许多政府政策是一般性的,影响所有行业。

总的来说,政府政策导致的宏观经济稳定和有效监管有利于产业增长,这对于需要长期投资的资本密集型产业更为重要。政府通常扮演三种角色,一是公共物品的提供者,即对公共教育、水电供应、电信设施、交通运输、基础研究等的供给发挥重要作用;二是宏观经济的调控者,即对于市场失灵进行干预,对国民经济的长期发展进行战略规制,实施产业政策优化产业结构;三是市场秩序的监护者,即通过建立各种制度规范、培育、完善市场秩序,为产业发展创造良好的制度环境。③由此可见,政府对产业竞争力的作用机理主要是通过改善产业发展环境,创造良好的条件,合理配置产业资源,优化产业结构,形成竞争优势。具体作用过程如下。

一是改善生产要素。提升和创造人才、资金、信息、基础设施等生产要素的数量和质量,主动研发重要科技,培养高级而专业的人力资源、科技知识、经济信息、基础设施及其他生产要素,从而增强企业经营绩效,提升产业竞争力。

二是拓展市场需求。首先,对本国幼稚产业实行市场保护,政府鼓励、引导消费本国产品,扩大本国产业市场份额,还有比较常见的以公共部门开支的形式进行政府采购,政府采购遵循刺激先进产品和服务的

---

① 迈克尔·波特. 国家竞争优势[M]. 北京: 华夏出版社. 2002: 665.
② 刘小铁. 产业竞争力因素分析[D]. 江西财经大学, 2004: 131.
③ 陈洪涛. 新兴产业发展中政府作用机制研究[D]. 浙江大学, 2009: 35.

需求即抢先性需求，带动产业走向高端，促进企业适应国内外竞争；其次，政策扶持开拓国际市场，这些政策包括旨在促进产业发展的奖励措施，例如减税、研究和发展补贴、优惠贸易或投资条例、零部件的免税进口和外国所有权限制的豁免。

三是创造良好竞争环境，滋养和强化产业集群，鼓励充分竞争，限制过度竞争，达成有效竞争，形成竞争优势扩散效应，在不同竞争阶段采取相应的产业政策，促进产业竞争力提升。

四是提供制度保障，培植信任要素，包括产权保护、海外市场侨民网络维持和利用、市场交易法规、市场准入制度、设定技术标准等。[①]

第二节　政府与印度信息技术产业发展

进入 21 世纪的信息时代，无论发展中国家还是发达国家的政府都非常重视对信息技术产业发展的干预。对于发达国家，由于其经济自由化程度较高，企业特别是跨国企业在国际竞争中往往占据优势，政府更多的是在信息技术产业发展战略上进行宏观指导，直接干预较少，主要表现为对信息技术产业发展环境层级建设。例如，美国政府主要采用 IT 产业的导向政策，颁布《全球信息基础设施行动计划》（1994），强化基础设施建设；与 WTO 成员方达成互联网免税协议，凭借强大的技术支撑抢占国际市场；强化以人才为支撑的技术创新体系等。日本政府实行技术立国政策，制定《科学技术基本法》，集中发展 IT 领域。韩国政府专门建立科学技术处、技术管理局，颁布《促进信息化基本计划》《促进信息化实施计划》《"网络韩国 21 世纪"计划》促进信息技术产业发展。

印度政府虽然非常积极和直接地推动了 IT 产业软件及服务部门的发展，但硬件部门的发展并没有前者那么成就斐然。为什么青睐一个新的、不确定的软件行业，而不是现有的高科技硬件行业？分析表明，其中原因既和印度经济发展历史紧密关联，也在一定程度上反映了政治现实。

第三章印度信息技术产业发展历程已有论述，自第一个五年计划开

---

① 刘小铁. 产业竞争力因素分析[D]. 江西财经大学，2004: 132-138.

始,印度政府就推行农业和工业部门(主要是工业部门)进口替代的经济发展战略。尼赫鲁政府及其继任者特别积极地采用进口替代,因为印度那个发展阶段深受两个最重要的政治思想影响,即甘地的"自力更生"和费边社会主义(Fabian socialism)。①政府对外国投资和贸易持怀疑态度,这在第二次世界大战后政府主导的计划范式里非常普遍,这也就是波特诟病的"计划经济下的世界,根本缺乏市场竞争……注定产业会走上标准化和价格竞争模式,使国家的竞争优势无从体现。因此,计划经济下的产业如要进步,经济结构的调整势在必行"。②政府将工业视为推动增长和创造就业的主要部门,几乎没有考虑到服务业促进经济发展的价值,从而,金融服务业也就受到管制以支持更多的工业和农业投资,客观上严重影响了1951年印度计划委员会对印度发展所做出的宏观规划。

最典型的就是印度实施的工业政策,印度在工业领域的政策多达十几个,其中有专门针对制造业领域的政策,还有各项工业政策的补充条款,如在《1951年工业政策》基础之上就有多达十个修订法案。③印度工业政策的目的是发展国内工业,促进制造业,保护这些工业不受本国市场上外国竞争者的冲击。为此,印度政府广泛实施政策工具,这些工具包括工业许可证、国内银行系统信贷条款、资本流动限制以及进口配额及关税。在这当中,IT硬件制造被当作其他制造行业一样对待。在1956年国际收支危机之后,印度实施进口配额和高关税,到20世纪70年代,硬件关税达到135%,在1991年自由化改革后,这一比例降至40%至55%,到2000年再降到20%。高关税驱动了当时最为著名的IBM、巴勒斯(Burroughs)和德州仪器(Texas Instruments)等跨国公司实施关税跳脱

---

① 费边主义(Fabianism)简单的来说就是渐进社会主义,是社会主义思潮的一支。19世纪后期,流行于英国的一种主张采取渐进措施对资本主义实行点滴改良的英国的社会主义思潮。它是英国费边社(Fabian Society)的思想体系和政治纲领。不同于列宁主义认为的应该通过革命的方式进入社会主义。1884年一部分知识分子创立了费边社,该社成员认为社会改革应循序渐进,故以公元前3世纪古罗马一位因主张等待时机、避免决战的战略而著名的将军费边的名字命名社名。其学说故称为"费边社会主义(Fabian Socialism)"简称"费边主义(Fabianism)"。费边主义者的基本信念认为由资本主义到社会主义的实现,是一个渐进而必然的转变过程。
② 迈克尔·波特. 国家竞争优势[M]. 北京:华夏出版社. 2002: 661.
③ 任佳,邱信丰. 印度工业政策的演变及其对制造业发展的影响[J]. 南亚研究,2014(2): 106-121.

（Tariff Jumping），向印度投资设立分公司开展电脑组装业务。此时，包括硬件在内的所有制造业都受到"许可证制度"的管制和国家控制，这些管制扭曲了管理激励，削弱了竞争，进而削弱了印度硬件公司的国际竞争力，而且印度的产业许可政策鼓励在每个行业创建几家大型企业，利用规模经济服务国内市场，结果是 IBM 几乎垄断了印度的硬件市场。[1]

然而，1973 年的《外汇管理法》(Foreign Exchange Regulation Act) 要求外国投资者将其在印度的子公司转变为股权合资企业，外资持股比例不得超过 40%。由于担心作为一家合资企业由于不能控股无法保护自己的知识产权，IBM 退出了印度市场。这刺激了威普罗（Wipro）和 HCL 等印度国内公司的发展，这些公司随后在许可证下利用进口的技术进入电脑装配行业。为了弥补缺乏最新技术的不足，政府大力投入硬件开发方面的公共投资，其中包括超级计算机项目。此外，政府也通过赞助国防及航空航天领域的公营企业，更直接支援高科技制造业的发展，其目的还是为了促进工业发展。尽管如此，印度的 IT 硬件制造商却因缺乏最新的专有技术，整个制造业体系也不能对硬件制造提供有力支持。

但是，软件不受这些政策的影响。20 世纪 80 年代，随着计算机工业的技术变革导致软硬件应用程序的分拆，软件不像硬件开发，受到政策导致的障碍及限制大大减少。在拉吉夫·甘地领导下，印度经济政策开始从进口替代转向出口促进（虽然工业政策的大部分结构一直保持到 1991 年自由化以后，但政府已开始鼓励出口）。最重要的是，为了鼓励出口，从 1984 年开始免除出口销售利润的所得税，然而，由于 IT 硬件制造业被视为制造业的一部分，对它的政策仍然与整体产业政策密切相关，出口制造商仍然必须遵守许可证制度和高关税，实际上只有 12% 的印度制造商可以自由进口，通过高关税和许可证限制了进口，印度人为地将实际汇率维持在高位，也阻碍了出口。[2]这些都使硬件制造慢慢转向国内市场。这种转变之所以缓慢发生，是因为既得利益集团（企业和公共部门）可能会从这些变化中蒙受损失。例如，政府向软件等新产业（根据 1984 年的新计算机政策）提供税收优惠要比对硬件等可能导致财政损失

---

[1] Gregory N, Stanley D N, Tenev S. New industries from new places: The emergence of the hardware and software industries in China and India[M]. The World Bank, 2009: 210-217.

[2] Topalova P, Khandelwal A. Trade liberalization and firm productivity: The case of India[J]. Review of economics and statistics, 2011, 93(3): 995-1009.

的现有产业减少税收容易得多。同样，允许外国投资进入新行业也会减少在已有行业盈利的国内企业面临的竞争冲击。

相比之下，服务业在很大程度上被产业政策所忽视。例如，银行几乎没有任何动力向不符合政府贷款指导方针的服务型企业放贷，服务型企业也没有资格获得出口融资。然而，政府的这种忽视却具有保护软件免受工业部门成本增加和激励扭曲的好处。与此同时，拉吉夫·甘地认为积极鼓励软件服务有潜在的好处，这既是创造出口收入的新机会，也是通过更多地在公共和私营部门采用信息技术提高国内生产力的一个来源。在20世纪80年代，当新的计算机政策被引入时，与经合组织国家相比，印度国内信息技术的普及率非常低，软件作为技术劳动密集型行业，可以有效规避基础设施的薄弱环节。因此，新的计算机政策将硬件和软件的关税降低到60%，取消了软件行业的许可证，并允许企业100%为外资所有，在符合拉吉夫·甘地政府的总体政策方向的同时，促进软件出口成为一种很自然的选择。

总之，政府在印度信息技术产业发展中发挥了重要作用，具体作用有如下几点。

（一）在战略上，政府为信息技术产业发展创造了先决条件

任何引起重大社会变革或有关变革的重大倡议中，政府通常被期望扮演发起者、调解者、促进者和仲裁者的角色。或者说，无论发达国家还是发展中国家要获得国家竞争优势，首先要做的就是战略选择。在印度，从英迪拉·甘地政府的"六五"计划开始，由技术引发的发展道路，特别是与IT相关的发展道路，被认为是印度社会发展的有效途径。

1984年上台的拉吉夫·甘地主张"科技兴国"，提出"要用计算机把印度引向21世纪"，政策战略重心趋向于国家的科技及信息化建设，政府大力推动公共部门、商业活动、行政部门大规模采用计算机。1984年的新计算机政策对进口程序进行简化，规定软件开发商的硬件进口关税从100%降至60%，对净出口收入的所得税免税从100%减半至50%，并设法通过卫星通信来促进软件出口。到1985年，铁路、银行、学校等大量机构都宣布实行计算机化计划。

1986年的《计算机软件出口、开发和培训政策》[①]首次把软件视为独立于硬件部分，放宽了对硬件进口的条件并取消了对软件出口商的关税；对硬件进口商的出口义务增加了（出口义务从使用的外汇 250%到 150%），不履行出口义务将被罚款；进口软件对其价值征收 60%的关税。

进入 20 世纪 90 年代，IT 对于创造财富和促进社会发展作用愈发明显。1991 年后，拉奥政府在经济结构调整中把电子技术和计算机软件产业列为发展的重点。1998 年，印度总理瓦杰帕依提出"要把印度建成一个名副其实的信息技术超级大国"。1999 年，为了更好地实现信息技术产业发展，促进信息技术在电子政务中的应用，印度将涉及信息技术方面的政府机构进行重组，成立信息技术产业部，考虑到电信和信息技术之间日益趋同，印度政府起草了《通信法案》和《信息技术法》，后者于 2000 年 10 月 17 日生效，其后，又颁布《2020 科技远景发展规划》，把印度定位为举足轻重的信息技术大国。

在 21 世纪，印度政府于 2003 年颁布《科技政策》，重申要保持信息技术在科学研究和创新发展中的优先地位。在 2008 年金融危机之后，印度于 2011 年颁布"十二五"计划，强调包容性及可持续性增长，提出巩固信息技术领域的优势，创新生态系统建设；2012 年提出《国家信息技术政策》，提出 IT 与其他领域的融合，强化电子政务的国内推广应用，并向全球提供 IT 解决方案；2013 年印度第 100 届科学大会发布《科技创新政策框架》，提出高技术主导，加速信息技术产业硬件研发，修复短板。

（二）在环境上，印度政府致力于为信息技术产业发展打造生态系统

Frosch 和 Galloupoulos（1989）最早提出产业生态系统概念，主要是指生产者、消费者、规制机构相互依赖，相互之间并与环境之间进行信息、能量及物质交换。[②]在产业生态系统中，要素供给、基础设施、政策体系等要素相互作用，使得整个体系具有相互依赖、复杂连接、自我修

---

① 1986 年 12 月的《计算机软件出口、开发和培训政策》也被称为 1986 年《计算机软件政策》。
② Frosch R A, Galloupoulos N E. Strategies for manufacturing[J]. Scientific American, 1989, 261(3): 144-153.

复、共同演化等特征。①印度信息技术产业发展过程中，印度政府不断试错，努力改善产业生态系统，包括优先提高教育质量，建立世界一流的IT基础设施（主要指产业园区基础设施），培育融资体系，开发印度国内市场，将印度建设成为创新中心，加强印度IT公司治理和风险安全框架，增强印度作为IT商业目的地的信心等举措，为IT产业发展进行生态系统的完善和协调。

其一，强化人才供应政策实施。印度政府主要通过教育政策促成人力资源、IT科技人才等高级生产要素形成。一是重视初等教育对于国民科技素质的基础性作用，广泛开展初等教育普及计划（SARVA SHIKSHA ABHIYAN（SSA））以及其他政府项目，如初等教育营养支持项目（National Programme of Nutritional Support to Primary Education）、午餐计划（Mid-Day Meal Scheme）、教师教育计划（Teacher Education Scheme）、妇女教育计划（Mahila Samakhya）、穆斯林学校高质量教育计划（Schemes for Providing Quality Education in Madrasas（SPQEM））。②二是开发面向个体，以技术工程能力为导向的职业课程模块，实施由行业技术委员会（SSCS）③、全印技术教育委员会（the All India Council for Technical Education，AICTE）、中等教育中央委员会（Central Board of Secondary Education，CBSE）以及地方层面的各邦当地的学校董事会和技能委员会参与共同制定的"国家职业教育资格框架"（NVEQF），建立国家IT职业标准。④三是提升IT职业教育层次，印度政府推出高校职业学士学位（Bachelor of Vocation，B.Voc.）纲要，确保信息技术职业教育的学位质量及产教协同。⑤四是政府牵头大力支持以印度理工学院（简称IIT）为代表的顶尖的工程教育与研究机构发展，推进高级IT技术人才培育。五是政府鼓励私营部门广泛参与IT人才培养。

---

① 李晓华，刘峰.产业生态系统与战略性新兴产业发展[J].中国工业经济，2013（3）：20-32.
② 胡启明，蒋爱勤.印度初等教育发展及启示[J].赣南师范学院学报，2015，36（2）：106-109.
③ （行业技术委员会由国家技能发展集团（National Skill Development Corporation，NSDC）以及来自行业、雇方的代表们组成）。
④ 胡启明.印度"国家职业教育资格框架"发展实施及启示[J].职业技术教育，2014，35（25）：90-93.
⑤ 胡启明.印度职业学士学位设置述评[J].学位与研究生教育，2014（12）：64-67.

其二，创建世界级的 IT 产业基础设施。如前所论证，尽管印度信息技术产业的基础设施在产业发展初期还非常薄弱，也正是基础设施的劣势使得对其相对并不依赖的软件发展较好，而硬件发展相对较慢。为应对这个问题，印度政府采取集中力量办大事，凝聚资源"以集群为中心的基础设施建设"成为首选替代方案，逐步通过软件工业园区、经济特区打造，利用卫星技术方便顶级软件企业与国外客户之间沟通，集成园区网络连接，建立了支持离岸服务高速数据通信连接网络，提供了完备的供水、供电、通信硬件设备，甚至利用替代能源发电，以补偿不可靠的公共资源。软件技术园区也提供进口认证、软件估值、项目审批、市场分析、营销支持和培训以及项目的"单一窗口清理系统"等服务。目前，以班加罗尔为代表软件工业园区已经建立起不逊色于硅谷的世界级 IT 基础设施。在班加罗尔，有 30 多个内部基础设施完善、公共商务环境发达、整体环境建设美观整洁的 IT 产业园。[1]在省邦级层面，印度政府在 2005 年还颁布了《全国邦级广域网（SWAN）建设计划》，到 2011 年底，邦级广域网络（SWANs）已经在 28 个邦或联邦属地[2]投入运营，大大促进了带宽建设，满足了邦级数据、语音、视频传输需求，为 IT 产业向二三线城市扩散提供了基础设施保障。

其三，提供监管支持。印度信息技术产业的迅速发展催动政府加大立法，对产业发展带来的经济和社会问题进行规制，同时也为 IT 产业发展提供监管支持。在 1998 年，印度就制定了《电子商务支持法》，涉及具体的交易形式、证据等方面，具有很强的操作性；1999 年，印度信息产业部又制定《信息技术法》为电子数据交换与传输及其交易行为提供法律保障，该法涉及电子合同、电子签名、认证机构、网络犯罪等方面的内容。在数字认证管理方面，政府专门成立了监管机构；2000 年，《信息技术（认证机构）规则》《网络规制上诉庭（程序）规则》同时出台；2003 年、2006 年分别对《信息技术法》进行修订，增加了电子票据、个人数据保护方面的内容；2006 年印度政府还推出了《个人数据保护法案》；2008 年，在 2000 年《信息技术法》的基础上再次进行修订，增加了国际电子商务立法内容，核增和确认了新型网络违法犯罪行为；2011 年，由

---

[1] 王德禄. 班加罗尔科技园的经验和启示[J]. 中关村，2015（10）：42-44.
[2] 印度联邦行政区划中的一级行政区域包括有 28 个邦、6 个联邦属地及 1 个国家首都辖区。

于信息技术发展太快,为了增强信息技术立法的可操作性,印度政府出台了《2011信息技术规则》,其中又包括对"敏感个人数据及信息"重新定义的《安全程序规则》,确定"适当谨慎"标准的《中介指引规则》以及《网吧行为规则》和《电子服务提供规则》。印度信息技术立法也被认为是印度立法史上修订最多的法律之一。① 上述系列立法,体现了政府主导模式,实施强制许可制度,为印度IT产业发展特别是当今时代电子商务、电子政务的开展提供良好的法律支持。

其四,实施财税优惠政策。在关税政策改革方面,一是消减IT产业相关产品关税,1992年印度把最高关税税率降至110%,其中电子产品进口税率降至50%,其后又在2004年大幅度消减关税,个人电脑及电脑配件关税均为10%。二是税收减免范围扩大,1996年印度签署WTO《信息技术协议》,从2005年开始对电脑、通信等115种产品实施零关税,移动硬盘等存储设备关税为零,进口用于生产出口所需设备、原材料、零配件免征关税;在公司税改革方面,印度政府免除IT产品销售税,从事电脑硬件生产发展相关的经济特区企业所得税优惠,印度软件技术产业园、IT经济特区新建企业具有5年的出口收益100%免税期,消费税豁免;对风险投资个人所得税方面,1999年印度新修订税法规定,投资于软件、信息技术等相关行业的风险投资,分红收入享受免税优惠。② 印度政府还降低了IT设备的入市税、印花税、IT企业租住房屋的房产税来扶持IT产业的发展。此外,印度政府还把出口占产出一定比例的IT公司归类为出口导向企业(EOU),这类企业有资格享受税收优惠,包括免进口税和减免公司所得税。

其五,优化IT领域投资体系。一是印度政府大力发展风险投资业。印度自20世纪80年代开始信息技术产业迅猛增长,IT企业大量创立,但印度政府自有资金短缺,政府投入和传统银行信贷资金供给严重不足,在这种情况下,政府开始扶持风险投资业。1986年颁布的《科研开发税条例》规定对技术项目收取研发税,抽取其中一部分每年1亿卢比用于风险基金补贴。之后,在"七五"计划中确立风险投资制度,印度证券

---

① 李静. 印度信息技术立法的发展与特色[J]. 暨南学报(哲学社会科学版),2012,34(11):83-88.
② 文富德. 印度财政税收的发展、改革与经验教训[J]. 南亚研究季刊,2015(1):94-101.

交易所发布风险投资公司注册标准,由于按照《印度-毛里求斯税收条约》资本利得完全免税,政策优惠吸引了国外投资者进入印度风险投资业,刺激了风险投资业的发展。根据印度风险投资协会(IVCA)1998年度报告统计,印度风险投资业投资对象行业分布中,计算机行业所占比例为25.9%,与 IT 有关的电子通信业所占比例为 7.15%,总体约占风险投资总量的三分之一。[①]到 1999 年,印度高新技术产业的风险基金投资规模已达 3.2 亿美元。二是鼓励 FDI 流向 IT 产业。为促进外国直接投资流向 IT 业,印度政府实行了一系列优惠政策,包括外资企业在内的出口软件"零赋税"、打破电信国家垄断,允许外资建立独资的电信公司,联网经营业务向 FDI 开放,执行符合国际惯例的知识产权标准等。

其六,面向国外政府游说,促成 IT 企业国际化。印度政府为了促成 IT 企业国际化,主动对国外政府进行游说,促成国外政府塑造有利于印度信息技术产业海外扩张的政策。以美国为例,印度海外市场主要目的地在美国,印度政府经常联系美国的思想库,比如布鲁金斯学会等来撰写偏向印度的研究;游说美国 IT 企业界强调 H-1b 签证对于美国软件及硬件商的重要性;游说美国众议院开展类似于"印度连线"(House India Caucus)的晚会,推动美国国内组织代替拥有印度身份的实体来打代理权争夺战。[②]

[①] 朱东辰,余津津.印度风险投资业发展的得失及其对我国的启示[J].外国经济与管理,2001(1):36-41.
[②] 司乐如.观点和政策塑造:中国与印度在美国的游说行动对比[J].南亚研究,2009(3):77-90.

第十章 产业集群

第一节 产业集群与产业竞争力关系

某些产业的地理集中或聚集,通常称为集群。在国民经济体系中,有竞争力的产业往往因地缘而集中,显集群分布。Marshall(1920)、Krugman(1991)、Ellison 和 Glaeser(1997)、Porter(1998)等学者普遍认为由于经济集中可以获得更多的信息和专门投入,能够提高创新的速度和成功率,产生局部的比较优势。

首先,集群内企业成员的良性互动会提高产业专业化水平。随着集群的出现,企业成员由于地理之便促进了各种类型的互动。产业集群内关系企业、相关产业之间顺畅的互动机制会协助信息的流通更顺畅,在企业之间、供应商和客户之间、企业和机构之间形成良性互动,形成独特的竞争环境,缓和经济利益冲突,创造合作与信任的空间,这鼓励了企业成员相互学习甚至在解决问题方面采取联合行动。集群中的企业可以通过合作和竞争的互动来充分发挥其潜力,提高效率和促进专业化,以更低的成本不断更新产品及其性能,最终增强产业创新和进步的影响力。[①]

其次,经济活动的地理集中会导致滚雪球效应,新进入者往往会聚集在一起,从更高的多样性和专业化的生产过程中获益。拥有特定行业技能的员工将会被吸引到这样的集群中,从而让企业获得更大的专业劳动力资源。在集群中,新业务的形成往往更容易,集群还可以降低初创企业失败的成本,因为失败的企业家可以在集群内的类似公司找到替代

---

① Steinle C, Schiele H. When do industries cluster? A proposal on how to assess an industry's propensity to concentrate at a single region or nation[J]. Research policy, 2002, 31(6): 849-858.

工作。①而且集群中的企业对需求和变化比较敏感，为了满足客户需求，对技术提出了更高的要求，给企业带来了更大的创新压力，最终企业的效率水平将会更高。

再次，产生知识溢出效应，降低交易成本，增强产业竞争力。影响空间交易成本大小的三个因素，一是地理或物理上接近资源和基础设施；二是交易的接近性，它指的是存在着垂直关系（如与供应商和其他合作伙伴的关系）和水平关系（如与其他类似公司进行 R&D 和其他活动的关系）；三是知识中心的存在，包括大学和专门的研发中心，它们提供集群所需的专业劳动力和技术。在集群内，企业间从邻近性的优势（主要是较低的交通成本和较低的员工转换成本）通过知识溢出及信息扩散转变为知识密集交流的"创新集群"优势，产生新知识、新技术和新创新，从而增强产业竞争力。具有强大竞争力的产业集群往往拥有先进的知识吸收能力，即企业拥有雄厚的知识基础，以高技能的人力资源和高度创新的研发活动在技术前沿开展经营，集群拥有一个密集的集群内知识系统，并与集群外的知识源连接良好。

第二节　产业集群与印度信息技术产业发展

如上节所述，产业集群给集群内企业带来信息和知识的快速交换，提供更好的实践机会和市场机会，可随时获得高质量的人力资源、基础设施等专业服务，由位置经济产生的资源共享带来生产率的提高和成本的节约，激励创新为产品合作打造全球市场优势。当今世界各国的 IT 产业发展一个典型特征就是集聚趋势加强，相比单个企业，集群能够吸引更多的供应商和客户，产生规模经济和网络效应，IT 企业之间在不断竞合中市场知名度提高，产业优势提升。②

---

① Ketels C. The Development of the cluster concept–present experiences and further developments[C]//NRW conference on clusters. 2003, 5: 2003.
② Saxenian A L. Bangalore: The Silicon Valley of Asia? [C]//a conference on Indian economic prospects: advancing policy reform, Center for Research on Economic Development and Policy Reform, May, Stanford, Calif. [dcrp. ced. berkeley. edu/faculty/anno/Papers. htm]. 2000.

如今，印度形成了孟买、德里国家首都区（NCR）、班加罗尔、钦奈、海德拉巴、浦那、加尔各答七大 IT 产业集群，即印度的一线城市班加罗尔、德里、钦奈、海德拉巴、浦那、孟买和加尔各答都已成为重要的 IT 中心。七大产业集群吸引了大量的 IT 投资，也吸引了印度的研究中心、大学、专利所有人、企业家、投资者、营销人员、行业协会，这些因素相结合会在这些区域形成更大的超集群，创造更多的就业机会。这七大 IT 产业集群在印度 IT 产业发展历史中的地位、所占经济权重、基础设施情况、商业模式、政府发挥作用等方面不尽相同，各有特色，其中，班加罗尔是最著名的集群之一。

在印度，真正的产业集群是在软件业上得以形成的。软件业最初是在孟买发轫，从历史的纵向来看，20 世纪 80 年代中期，德州仪器公司（Texas Instruments）进入班加罗尔，班加罗尔一举成为印度软件业发展中心；其后，当班加罗尔的基础设施和空间饱和后，海德拉巴和钦奈等作为替补城市出现。从而，印度的区域 IT 集群在大城市及其周围形成，包括班加罗尔（卡纳塔克邦）；德里、诺伊达和古尔冈（德里联邦领土、北方邦和哈里亚纳邦）；钦奈（泰米尔纳德邦）；海得拉巴（安得拉邦）；浦那（马哈拉施特拉邦）；孟买（马哈拉施特拉邦）和加尔各答（西孟加拉邦）。这些城市相对发达，能够提供与 IT 相关的基础设施，特别是在电信、专业和熟练的劳动力方面更为充裕，更重要的是，由于中央和地方政府在建立经济特区、软件技术园区和电子硬件技术园方面的努力，形成了有利于产业集群发展的商业制度，从某种程度上来说，印度 IT 产业集群更趋向于政府主导型产业集群模式。

印度 IT 领域绝大多数的注册公司和出口导向型企业都位于经济特区（SEZ）、软件技术园区（STP）和电子硬件技术园（EHTP），而 SEZ、STP、EHTP 主要也位于上述七大城市及其周围。七大 IT 产业集群对于印度 IT 企业竞争力提升非常关键，成为印度 IT 企业发展的动力源之一，能够带来资源集聚效应，分工效应，空间交易成本的节约，学习与创新效应，竞争与合作效应，品牌与广告效应，协同与溢出效应等优势。在国家层面，STP 企业约占软件出口的 95%，以 2004 年为例，整个国家软件出口 7 715.7 亿卢比，STP 单位就贡献了 7 401.9 亿卢比。从更早一点的数据来看，截至 2000 年，软件和 IT 服务企业的数量在城市间的分布和就业份额如下：班加罗尔，126（24.52%）；孟买和浦那，149（30.12%）；钦奈，67（15.29%）；德里、诺伊达和古尔冈，156（15.48%）；海得拉巴，63（9.07%）；加尔各答，26（0.48%）。①统计数据和 SEZ、STPI、EHTP 数据得到相互印证。

在印度所有的 IT 产业集群中，班加罗尔占据首位。以 2005 年为例，卡纳塔克邦占印度软件出口总额的 37.6%，仅班加罗尔市就贡献了其中的 97%。因此，印度大约三分之一的软件出口来自班加罗尔，依次排名在后的是国家首都地区（包括德里、诺伊达和古尔冈）、钦奈、海得拉巴、浦那和孟买。②班加罗尔也被《联合国人类发展报告》列为全球四大技术创新中心之一，大量的外资公司如英特尔、思科、IBM、惠普、飞利浦、甲骨文、霍尼韦尔、埃森哲、谷歌在班加罗尔设立 IT 离岸研发中心，大大提高了印度 IT 业在全球的知名度。

可见，正是印度 IT 产业集群的崛起才有了印度信息技术产业的辉煌。

---

① Khomiakova T. Information technology clusters in India[J]. Transition Studies Review, 2007, 14(2): 355-378.
② Balatchandirane G. IT Clusters in India[J]. Discusión Paper, 2007 (85).

第十一章 机会及要素之间的相互作用

第一节 机 会

机会可遇不可求，印度信息技术产业发展过程中"机会"扮演了重要的角色，是印度信息技术产业发展的"天时"，为印度 IT 产业跨越式发展提供了足够的空间。政府虽然不能控制"机会"，但可以主动作为，而且"机会"发挥作用还需与其他要素紧密互动。

其一，20 世纪 90 年代，由于互联网经济的兴起，全球 IT 市场需求剧增，英美 IT 人才缺口较大，印度政府抓住机会实施了一系列的相关政策为积攒的丰富 IT 人力资源找到了突破口，再加上 20 世纪 70 年代以来的 IT 移民网络使得印度软件及服务出口爆发性增长。

其二，美国政府重大移民政策为产业发展创造了机会。1993 年，美国移民归化局（US Immigration and Naturalization Service）颁布新的政策使获得 H1-b 签证（美国为引进国外专业技术人员提供的一类工作签证）变得困难，新的 H1-b 签证需要获得美国劳工部（US Department of Labor）的认证，还规定必须向移民工人支付市场工资。同时，印度的软件专业人士也被纳入了移民法案的保护框架，必须向美国政府支付社会保险和相关税收，这给员工和公司增加了额外的负担。结果，美国公司从印度招聘软件工程师的积极性降低了，直接导致印度的一些 IT 公司逐渐转向混合模式，即其中一些软件程序员在客户的办公场所（美国）工作，而另一些程序员在客户的办公场所之外（印度的 IT 公司后台）工作。印度信息技术产业很快适应这种新的商业模式，IT 离岸外包带来更多的利润，刺激了印度信息技术产业在美国市场的进一步繁荣。

其三，"千年虫问题"。"千年虫问题"为印度企业提供了一个独特的机会，为解决这个问题，美国公司需要具备 COBOL 编程技能的软件专业人员。COBOL 编程语言已经在 20 世纪 90 年代变得过时，不再是美国大学课程的教学内容；然而在印度，因为大多数计算机科学课程都是在各邦当地开设，COBOL 仍然被当作主流编程语言教学，这为印度的 IT 服务供应商提供了巨大的优势，印度 IT 工程师向全世界展示了他们完美解决问题的能力。实际上，从 20 世纪 90 年代中期，印度 IT 企业就开始解决世界各地许多客户的问题，千年虫问题最终导致大量新兴的印度 IT 公司获得合同订单，也让许多印度以外的客户对印度 IT 工程师的能力产生了信心，强化了印度 IT 服务品牌。

第二节 要素之间的相互关系

（一）其他要素对生产要素的影响

印度信息技术产业的发展与生产要素紧密相关，但生产要素很容易受到其他要素的影响，比如政府对 IT 专业化人才培养及供给，所以生产要素最终会与其他要素相互作用，作用于信息技术产业的发展。

（1）产业集群促进生产要素创造。

印度信息技术产业形成了七大产业集群，在集群内部，IT 企业之间是竞合关系，企业要获得竞争优势，必须不断提升管理能力，增加对 IT 人才需求，从而刺激围绕在产业集群周边的教育领域培育出更多的高级和专业型生产要素。产业集群也会促使政府、教育机构、企业乃至个人对生产要素投入更多投资，带动专业基础设施建设，加速市场信息的流通。专业化的环境建设形成扩散效应后，又会进一步提升生产要素供给，相互强化，最终促进产业发展。比如，近年来印度政府正在致力提高物质基础设施，确保在一定时间内创建世界级的基础设施交付服务。从"十一五"计划的 5 000 亿美元到"十二五"计划的 1 万亿美元，政府对基础设施的投入翻番，并且还鼓励私人参与，通过与政府和社会资本合作（PPP）模式帮助建立高质量的基础设施。典型的案例包括在主要城市（班加罗尔、孟买、德里、海得拉巴）实施机场基础设施的现代化，通过德里的地铁网络构建公共交通管理系统。①这些措施通过积极的外部效应强化了产业发展预期。

（2）需求影响投资生产要素的优先顺序。

需求条件是影响生产要素的一大来源，当国内外市场对某个产品有大量需求时，往往推动社会、民间对该领域的投资。例如：20世纪90年代，互联网迅猛发展，欧美市场对印度的软件及服务外包需求极大增加，在此情况下，马哈拉施特拉邦在1998年第一个发布了信息技术政策，从而成为吸引外国投资最多的印度地区，利用这些投资，马哈拉施特拉邦工业发展集团已经建立了37家公立信息技术产业园。私营部门投资也不断进入，479家私营IT产业园被批准，其中144家已经获得投资并开展运营。私营IT产业园在浦那有166个，大孟买区有158个，塔那128个，那格浦尔5个，纳西克4个，奥兰加巴德3个，沃尔塔1个，这些园区的出口IT总额达到全国的32%。②

（3）政府对生产要素的配置。

首先，生产要素的布局、流转具有社会性，企业作为市场竞争的主体和产业发展的载体，往往无法全方位调配和整合生产要素，只能在一定范围内使用或者改善。因此，需要借助政府的力量进行协调。印度信息技术产业发展过程中，政府往往在建立国家技术创新体系、专业性人才培育、资金资源、信息和基础设施建设等方面影响生产要素的结构和比重，进而影响产业发展。其次，生产要素的合理配置和开发需要政府产业政策的引导，这样才有利于发挥生产要素的效率和效能。印度政府的IT战略，很好地释放了印度的人力资源优势。

（二）其他要素对需求条件的影响

印度信息技术产业的市场需求条件反映了印度的人力资源、基础设施、社会制度以及经济发展模式。其他要素会对需求条件造成影响，从而作用于信息技术产业的整体发展。

---

① NASSCOM. The IT-BPM Sector in India: Strategic Review 2013 [R]. NASSCOM, 2013.
② India Government. Economic Survey of Maharashtra 2014-15[EB/OL]. https://www.indiabudget.gov.in/index.asp,2018.06.30.

(1)生产要素对市场需求的影响。

在产业发展早期，基于成本的考虑驱动，印度低廉高效的 IT 人力资源，极大满足了国外客户的需求（印度这一优势也符合了 20 世纪 90 年代末 IT 繁荣时候对大量技术人员的需求），印度工程师在经历了严苛的外包项目的实效性、安全性等各方面的考察后，取得了外包市场声誉，扩大了国外市场需求。

(2)产业集群会强化产业的产品国际化需求并刺激国内需求。

在印度信息技术产业内，大量彼此关联的公司与各类专业化供货商、研究机构、职业培训机构形成了集聚体，也就是所谓的产业集群，集群内市场容量大，企业竞合激烈，其产品、服务等成为印度对国际市场的引导性力量，建立起印度的国家形象，并使印度被视为市场上主要的竞争者。班加罗尔 IT 产业集群使得印度信息技术产业在全球具有了品牌知名度，被视为"亚洲硅谷""软件之都""希望之城"，这种品牌代表着质量与保障，强化了印度信息技术产业产品的国际化需求。同时，集群内企业激烈的竞争迫使企业提升水平，创造新的国内市场需求。

(3)创新不断开拓并刺激市场需求。

通过技术创新，印度信息技术产业已经成为印度经济中增长最快的部门，新兴技术帮助印度软件和服务业获得新成果和新客户，而且由于业务流程越来越与信息技术一体化结合，会产生更多的商业应用和服务需求。

(4)机会创造需求。

例如，"千年虫"问题的解决形成了巨大的市场需求，给印度 IT 专业人士提供了千载难逢的机会。

(5)国家 IT 发展战略细分市场需求并刺激和引导国内预期需求。

印度信息技术产业发展初期，在国外市场需求方面，印度信息技术产业发展战略主要是抢占低附加值的细分市场，例如后台交易和呼叫中心，现在已经扩展到包括软件编程、工程、设计、会计、法律和医疗咨询等领域。在刺激和引导国内预期需求方面，政府作为信息技术产业的主要客户，也会影响产业发展的需求条件，政府政策甚至可以影响其他地区的需求状况及供给方式，比如政府制定的增加对 IT 领域某些产品和服务的购买政策可能会对该产业产生刺激作用。目前，印度中央和一些邦政府推出了许多政府项目，有目的性地挖掘印度信息及通信技术潜力，广泛开展电子政务,把信息技术当作有效治理的一种手段,信息技术在公共服务部门的应用成熟和标准化有望进一步驱动国内需求。

(6)信任是印度IT企业获取国际市场的关键要素之一。

印度信息技术产业的国际市场主要构成是跨越国度的离岸外包,在移民关联克服最初的障碍下,通过基于理性计算的初始信任和合作过程中的学习,产生信任度上升,然后合作重复的这一发展脉络,表明印度IT企业获得了国际市场的认可,取得了国外客户的信任,打开了国际市场的需求通道。

(三)其他要素对信任条件的影响

印度信息技术产业发展的信任条件是国内IT企业和国外客户之间广泛开展合作交易的基础,也反映出国内企业间相互合作的程度。其他要素对信任条件也会造成影响。

(1)政府颁布的知识产权保护法律体系为信息技术产业发展提供了不断改良的发展环境,同时也给国外客户提供了良好的心理预期。

在印度信息技术产业发展过程中,软件盗版、侵权问题一度非常严重,对客户信息安全保护及数据保护能力成为软件发包方考察承包商的重要因素。为此,在立法层次上,印度做了大量工作。首先是多次修改《版权法》,严厉打击盗版,印度现行1957年《版权法》在1983、1984、1992、1994、1999、2010年经过了六次修订。特别是针对数字技术和互联网环境下出现的某些新问题,印度议会上下两院于2012年5月均通过了《2012年版权(修正)法》(the Copyright (Amendment) Act, 2012)。[①]其次,按照TRIPS(贸易知识产权协定)规定,修改《专利法》,颁布了《国际版权规则》《商品的地理标识法》《设计法》《商标法》。再次,2000年6月颁布了《信息技术法案》,并在之后的11年内两次对其进行了修订,成为当时12个为信息技术立法的国家之一。该法实行政府宏观指导与服务机构监管并举,加大对中介机构服务商管理、域外犯罪治理、电子商务与电子政务的发展与保护、对个人敏感信息的保护,其主要目的是为

---

① 王清. 镜鉴印度版权法:中国应当学习什么[J]. 电子知识产权, 2013(4):68-74.

印度信息技术的发展和应用提供了一个法律框架。最后，印度还成立了"计算机应急反应小组"等反盗版的执法机构。

尽管建立了较为完善的法律体系，但是作为一个以服务外包为主要业务的产业，知识产权保护的软件专利在现实中也会阻碍新创公司的健康发展。2016年，印度废除了与计算机相关的软件专利法律保护。

（2）信任是产业集群所具有的难以模仿、难以替代、稀缺的共享性资源。

产业集群作为介于市场和科层之间的中间性组织，它的地理临近性、组织临近性以及历史渐进性等综合作用培育出特有的内在信任属性，这种信任属性对于产业集群外部企业具有排他性，而对产业集群内部企业却具有公共物品的特性。信任作为产业集群的一种异质性资源，难以模仿、难以替代，具有稀缺性，犹如马歇尔所述，信任存在于集群的"空气"之中。信任有利于知识整合、扩散、共享，可以有效限制机会主义行为及逆向选择发生，促进企业达成资源共享、相互学习，优势互补和企业边界的优化，树立良好的个体及整体外部形象；产业集群企业在信任基础上，还可以降低伙伴搜寻成本、信息搜寻成本等交易成本，获得产业集群内部的技术创新"正外部效应"和"边际集群收益"。但信任资源也可能会导致产业集群中社会关系的锁定，推高转换成本，限制创新能力。

在印度信息技术产业发展中，著名的班加罗尔IT产业集群企业间信任资源丰厚，知识整合、扩散频繁，相互学习的氛围浓厚。

（3）印度信息技术产业特别是其软件外包的需求特性催生信任。

自20世纪90年代初以来，软件外包成为一种国际现象，特别是离岸软件外包作为以低成本生产高质量软件及服务的商业策略被广泛使用，一些非核心的业务比如数据处理、IT运营、人力资源管理服务、会计、内部审计、市场营销通常都外包出去。软件外包作为战略联盟形式，是将软件生产由内置向外实施转移的行为，其交易是一种基于信任的控制模式，而不是以市场或官僚为基础的模式。[①]这种特殊的需求特性使得在建立客户和供应商组织的关系方面，信任起着至关重要的作用。

---

① Langfield-Smith K, Smith D. Management control systems and trust in outsourcing relationships[J]. Management accounting research, 2003, 14(3): 281-307.

（四）其他要素对政府战略及决策的影响

政府能够通过生产要素改造、创造需求，通过法律手段规范市场强化信任，促成产业集群形成，实质上是与其他要素形成良性互动，最终作用于产业发展。那么，其他要素也会对政府各种政策的制定和实施造成影响。

（1）生产要素条件是政府制定战略或者政策的基础。

从英·甘地开始到拉吉夫·甘地再到曼莫汗·辛格，历任印度政府都意识到在印度这样一个民主国家，40%的人口仍然生活在贫困线以下，电力短缺、基础设施匮乏，急需要找出一条发展的新路子。特别是在1991年财政危机时候，时任印度财长的曼莫汗·辛格问计于印度企业界和科技界，希望摆脱财政窘迫，印度的精英们向政府献策，认为刚兴起的信息技术产业能够解决印度政府的燃眉之急。首先，可以充分利用印度四十年来积攒下来的技术人才储备；其次，如果国家政策能够激发这些人才的潜力，可以防止高科技人才外流，假如这些高素质人才选择在国内从事IT业或直接创业，还可以与外流的印度人结成产业合作联盟，刺激国内信息技术产业发展；再次，信息技术会充分发挥印度传统教育中更擅长的数学与计算等方面的优势，发展"知识型经济"。这些政策选择在后来证明是可行的。[①]

（2）海外市场预期需求是印度制定IT战略的前提。

20世纪90年代的信息技术革命成为世界发展的潮流，发达国家对IT工人的需求大大超过了本国人力资源的供给，从而刺激了发达国家企业组织之外的软件服务外包的兴起，这给印度的信息技术产业发展提供了契机。印度政府正视了国内市场不足的弊病，抓住信息技术产业发展的黄金期，迅速制定以软件服务外包出口为导向的IT战略，包括税收减免、基础设施提供、营销支持、研发支持、教育政策、进口自由化政策、FDI政策，目的就是长期有效地开拓海外市场，规避劣势，发挥优势，满足海外市场需求，壮大印度信息技术产业，"用信息技术把印度带入21世纪"。

---

① 齐鸣. 印度信息技术产业飞速发展的动因分析[EB/OL]. http://news.sciencenet.cn/html/showxwnews1.aspx?id=200017, 2017-08-16.

（五）其他要素对IT产业集群的影响

（1）生产要素是印度IT产业集群形成的基本条件。

产业集群实质上是生产要素在某个空间的集中，"按照韦伯的区域因素，某一区域的自然条件、社会条件为特定产业的生产经营活动带来的与其他区域相比的优势。"①比如地理位置、能源、水电等基础设施、劳动力成本等，可见，区域因素所体现的生产要素是产业集群形成的基本条件。

生产要素成为影响印度IT产业集群形成的基本条件，以班加罗尔和海得拉巴为例。卡纳塔克邦的首府班加罗尔的教育机构和培训中心在印度一直久负盛名，1842年就有了第一所英语中等学校，1917年就建立了第一所工程学院，1911年由塔塔集团创立的印度科技学院（IISC）是当今世界一流的研究机构。班加罗尔还有其他世界级的教育机构如印度信息技术学院（IIIT）、印度管理学院（IIM）。班加罗尔甚至在20世纪50年代就有很高的识字率，1951年班加罗尔的识字率是43%，而当时全国识字率不到17%，2001年是86%，而全国识字率只有55%。卡纳塔克邦工程院校的数量非常庞大，政府投入了大量资源发展科学人才和基础设施，与印度其他城市相比，班加罗尔每平方公里的博士密度最高，这意味着能够为IT行业提供大量受过高等教育、技能熟练的人才，为20世纪80年代中期IT产业在班加罗尔的起飞提供了一个较好的生产要素基础。

海得拉巴是安得拉邦的首府，大量来自安得拉邦的人士在美国硅谷获得成功以及高等教育的繁荣等因素促成了海得拉巴IT集群的形成。海得拉巴有一些世界级的教育机构，比如印度商学院（ISB）是一所世界一流的商学院，由沃顿商学院、凯洛格商学院、伦敦商学院和财富500强企业联合创办，印度顶级私营企业为该校的成立做出了贡献，一些最知名的印度商界人士也在该校管理委员会任职。由IBM、甲骨文、摩托罗拉等公司支持的海得拉巴信息技术国际研究所（IIIT Hyderabad）提供高质量的IT教育。海得拉巴还有226所工程院校，每年可以培养出8.6万名工程师，拥有非常高的IT人才培养质量和品牌价值。此外，海得拉巴的电力和供水从来就不是问题，海得拉巴的气候虽然没有班加罗尔好，

---

① 惠宁. 产业集群的区域经济效应研究[D]. 西北大学，2006: 56.

但比钦奈、浦那、孟买或印度首都地区好得多。与班加罗尔或其他大都市相比，这里的生活成本低得多，因此很有吸引力，有足够的空间容纳新的 IT 初创企业。

Khomiakova（2007）等学者经过评估，认为印度七大 IT 产业集群得益于高技能 IT 专业人员的可获得性，资源禀赋（特别是人力资源）、基础设施是 IT 产业集群发展基本条件。[①]当然，印度 IT 产业集群基础设施供给方面还需要进一步的深化，知识融通也会带来集群内高级生产要素的打造并助推产业集群的创新。

（2）市场需求影响印度 IT 产业集群规模。

其一，市场需求增加，客观上会导致市场规模扩大，高增长的市场往往利润较为丰厚，此时即便是寡头垄断的主导企业也无法完全占有市场，这为小微企业和新创企业的进入提供了客观条件，企业数量的增加使产业集群快速发展；其二，产业集群内部单个企业利用集群网络联系又能获得比单一企业更大的竞争力，实现了产品生产的规模经济，从而吸引更多外部企业加入集群，区域内的资源组织能力得以转换表现为产业集群规模的扩大。

印度信息技术产业的发展经历了几个清晰的阶段，印度政府最初放松管制鼓励硬件业的发展，在 20 世纪七八十年代一些硬件公司建立，但由于技术、制造业基础较差等原因，这些硬件公司并没有得到发展，其后大多向软件业务多元化方向发展；软件业最初是通过进口替代产品而开发的，面向国内 IT 市场，但由于国内市场规模较小，印度企业必须以出口为导向，依赖出口市场的增长。

自 20 世纪 70 年代以来，由于软硬件的逐步分离，对复杂信息系统应用程序的需求日益增加，软件定制应用也大幅度增加，欧美国家 IT 人员供应不足，发达经济体的企业将软件开发活动外包成为一种趋势。进入 20 世纪 90 年代，全球 IT 发展处于井喷状态，为了获取更大的竞争优势，许多美国大中型企业将注意力集中在更有价值和创造性的项目上，把大量软件及服务业务外包给印度公司，利用时区的差异，让印度团队 24 小时工作，极大缩短了工作周期，提高了生产率和服务水平。在海外需求预期及政府政策支持下，班加罗尔等地大量的新创企业成立，同时

[①] Khomiakova T. Information technology clusters in India[J]. Transition Studies Review, 2007, 14(2): 23.

吸引了大量的跨国公司入驻，在2000年，班加罗尔的75家跨国公司中有71家是从海外归来的印度裔主管，在近十年间，印度南部的软件出口份额从1991—1992年的25%上升到2003—2004年的40%以上。[1]尽管钦奈在早期已成为一个软件中心，但很快被班加罗尔超越，海得拉巴、浦那、加尔各答也在迎头赶上。其中，班加罗尔集群在海外需求的刺激下快速扩大，成为最大的销售和软件出口集群，班加罗尔集群的形成也极大地促进了新企业的成立，产业集群为本地IT公司提供了更好的商业环境，所需的技能、技术和人员往往唾手可得，新企业能够在幼稚期得到培育、能够有效组织资源，获得在国外市场竞争的能力，这又反过来催动产业集群规模扩大。

（3）社会资本效应产生的信任增强印度IT集群内企业竞争力。

"社会资本结构特征实则是一种社会关系网络，它由共享某些相似特征的成员联结在一起而形成，信任、规范、信息、合作、期望和互惠等是这种关系网络的基本特征。"[2]社会资本可以有效降低产业集群内企业的交易费用，由此产生的信任可以降低企业经营风险，促进知识扩散与技术创新，增强企业竞争力。印度IT产业集群形成过程中借助于全方位的信息交流网络，并形成不断增强的信任网络，从而促进了集群内的企业间的合作与学习，知识转移的加快，特别是隐性知识的流转对于技术创新的成功非常关键，而且这种隐性知识难以模仿，当转变为集群内企业的专门知识时可以获得集群外企业难以比拟的优势。

印度移民为印度IT产业集群搭建了信任网络。在1990年代，印度裔移民管理着硅谷大概9%的新创企业，到2000年，三分之一的硅谷IT公司高管是印度裔。印度每年都有大量IT工程师来美国工作，推动了上述数字的增长。其中一些印度人负责跨国公司在印度的业务，他们在美国的网络与在班加罗尔等地的印度工程师网络相结合，促进了思想、就业信息、前沿软件等快速传播。2001年年初，欧美IT市场的低迷使得大量印度IT工程师和高管从硅谷返流回印度，这些人带回了宝贵的管理经验和前沿技术知识，他们用这些知识在班加罗尔等地创建了自己的公司。

---

[1] Ramachandran K, Ray S. Formation of information technology clusters: how late movers follow models different from early movers[C]//35th EISB Conference, Barcelona. 2005, 12414.

[2] 曾琰. 印度IT产业集群的特点及其社会资本效用探析[J]. 现代财经-天津财经大学学报，2008（10）：94.

2001—2002年,班加罗尔吸引了印度112家外国直接投资企业中的40%。[1]基于上述背景,这些公司创立者与国外市场联系紧密,甚至在集群内的IT企业创立者或者高管本身都在美国一起共事过,都是美国硅谷"印度帮"或印度企业家协会成员,构建了外界难以模仿的产业集群内企业信任模式。

(4)政府推动印度IT产业集群发展。

单纯的IT企业集中并不能保证集群成功形成,因为与集群相关的优势并不总是自动自发地出现。波特认为,政府在滋养和强化产业集群上,具有关键性的影响。[2]Fujita（2002）观察到政府部门的财税政策影响了产业集聚的程度和发展,公共部门的管理效率对集聚存在显著影响。[3]李世杰（2009）总结了美国、意大利等国政府推动产业集群发展的经验和教训,得出发挥政府职能来弥补市场失灵,政府有意识引导产业集群发展,充分考虑地区产业特点和区位条件,运用经济政策引导产业集群创新等若干政策启示。[4]可见,企业所处的商业环境既可以促进IT产业集群产生,也可以对其形成造成阻碍。区域的基础设施以及各种机构和政府政策组成了IT集群形成的大环境,针对特定行业的具体激励措施和相关政策起到规范市场运作和企业行为,影响政府服务质量和效率的作用,直接给予IT集群积极或消极的影响。

为了促进IT产业集群的快速形成,印度中央政府和许多邦政府通过建立软件技术园区,在产业政策、财税金融、土地供给、公共服务等方面有意识地引导产业集群发展,位于这些城市的软件园在发展IT产业集群方面发挥了重要作用,比如班加罗尔的电子城和海得拉巴的希特克城,不仅提供了必要的基础设施,而且还提供所谓的"即插即用"孵化设施,便于公司可以立即开始运作,孵化设施提供可随时使用的模块、备用电源、电话和传真设施、会议室、培训设施,以及重要的高速通信线路和

---

[1] Taeube F A. Structural Change and Economic Development in India: The Impact of Culture on the Indian Software Industry[J]. Development by Design, 2002: 1-10.
[2] Porter, M. E. Clusters and the New Economics of Competition[J]. Harvard Business Review. 1998, 98:77-90.
[3] Fujita M. &J. F. Thisse. Economics of Agglomeration:Cities,Industrial Location and Regional Growth[M]. Cambridge University Press, 2002.
[4] 李世杰,李凯.产业集群发展中的政府行为及政策启示：来自产业集群发达国家的经验[J].技术经济与管理研究,2009（2）：77-79.

视频会议设施。在邦一级政府方面，典型的有如安得拉邦、西孟加拉邦政府，两者都积极根据市场预期在产业政策等方面引导、助推产业集群发展。

西孟加拉邦的加尔各答位于印度次大陆，曾经是印度工业和商业最发达的城市，其信息技术产业发展起步较晚，2002年仅占印度IT服务出口份额总量的3%~4%。为此，邦政府专门聘请麦肯锡公司为西孟加拉邦制定了信息技术产业发展计划和路线图，政府在行政和实体基础设施方面采取主动行动。首先，政府重新振兴工程、科学、技术和统计领域的科研院所，建立新的工程学院和商学院，广泛开展IT知识推介，增强人才供给；其次，邦政府积极打造、宣介加尔各答作为IT企业目的地的城市形象，包括在海外路演，吸引大型IT公司和跨国公司落户加尔各答；再次，政府设立单一窗口系统，推行电子政务项目，这些项目不但有助于改善政府行政管理绩效，还可以促进IT投资；最后，因为印度超过20%的顶级IT人才都来自西孟加拉邦，所以吸引了在其他地方工作的西孟加拉IT专业人士回归。

安得拉邦政府把海得拉巴定位为印度知识中心，为促进IT集群形成，主要措施有税收优惠、公共基础设施项目倾斜，其中包括教育投资、政府采购、研发资金等。首先，邦政府积极改善基础设施，增进信息技术素养，创建IT金融区，有意识把海德拉巴及周边环境打造成一个生活、工作和投资都很有吸引力的地方，政府投资道路、建筑、公园，提高当地设施的质量和卫生环境，以知识和服务驱动IT集群发展，比如推动E-sewa（电子服务）开展，为落户IT企业创造新的业务；其次，为新创IT公司提供激励，与其他行业相比，IT企业很容易获得土地，根据创造的就业岗位数量，土地价格会有折扣，豁免50%的注册及印花税，电费有25%的折扣，还放宽了一些法律方面的限制。建成后的海得拉巴希特克城占地151英亩，为IT和IT公司提供了500万平方英尺的办公空间和相应的基础设施，吸引了微软、甲骨文和汇丰等跨国企业入驻。

可见，印度IT集群在结构、行为和表现方面表现出惊人的相似性，或多或少受到类似的政策、制度、社会经济环境的影响，政府在创造、加强企业经营的商业环境方面发挥作用，政府通过向一定区域的信息技术产业提供基础设施和激励措施来支持集群形成与升级。

总之，印度信息技术产业的竞争优势得益于六大要素互相强化、共同作用。单一要素无法促使印度信息技术产业获得成功，因而从单一要素孤立地去分析是无法深层次理解印度信息技术产业是如何发展的。正是在这些要素互相作用、关联之中，各要素的因果关系渐次模糊，形成一股合力共同作用于印度信息技术产业的发展。

第十二章 印度信息技术产业发展要素培育所带来的启示

由于规避了基础设施及资本需求等劣势，发扬了精通英语和计算机的 IT 人力资源等优势，特别是生产要素、需求条件、信任条件、产业集群、政府政策等各要素的综合作用，印度软件及 IT 服务业为印度赢得了国际声誉。其发展经验对于我国发展 IT 产业特别是新一代信息技术产业具有一定借鉴意义；印度信息技术产业发展到如今，表现的新态势、所暴露的一些问题及其政府采取的应对措施也值得我们深思。

第一节 要素培育的相关经验

（一）政府支持：制定促进信息技术产业发展的战略规划及各项政策

从印度信息技术产业发展的历程可以看出，印度政府很早就认识到信息技术产业中软件出口业的巨大潜力，以及信息技术产业对印度经济增长的重要性。从英迪拉·甘地政府的"六五"计划开始，由技术引发的发展道路，特别是与 IT 相关的发展道路，被认为是印度社会发展的有效途径；特别是 1984 年上台的拉吉夫·甘地及其后的历届印度政府，无论执政党如何，都主张"科技兴国"，反映在战略布局上就是历届印度政府都积极支持并培育信息技术产业，为信息技术产业发展创造先决条件。印度政府发布的"2012 年国家信息技术政策"的宣言是"巩固印度作为全球 IT 和 IT 中心的地位，并利用它为 GDP 和就业做出重大贡献"。

印度政府致力于强化人才供应政策的实施，提供监管支持（特别是印度政府修订了版权法,使其成为世界上最严厉的版权法之一),实施财税优惠政策,优化 IT 领域投资体系,面向国外政府游说,促成 IT 企业国际化等措施为信息技术产业发展打造生态系统。印度政府还采取集中力量办大事,凝聚资源"以集群为中心的基础设施建设",1991 年,印度政府建立了印度软件技术园区(STP),逐步通过软件技术园区创建世界级的信息技术产业基础设施,STP 及其在印度各地的各个分中心成为印度信息技术产业增长的主要催化剂,STP 提供了高速数据通信(HSDC)链路、数据中心和数据托管设施等基础设施以及财政和税收优惠,服务于出口导向型 IT 企业。

近年来,印度政府还积极开发印度国内市场,加强印度 IT 公司治理和风险安全框架,增强印度作为 IT 企业目的地的信心等举措,意图将印度建设成为世界创新中心。2014 年,印度政府推出"印度制造"(made in India)、"数字印度"(Digital India)计划;2016 年启动"印度创业,印度崛起"(Start-up India and Stand-up India)计划。在政府大笔投资的推动下,这些计划的持续实施有助于为印度 IT 部门创造一个巨大的国内市场。

(二)行业协会:完善补充政府服务体系

印度政府通过在硬环境建设中发挥主导作用,引导、服务信息技术产业发展,而成立于 1988 年的非营利性组织"印度软件和服务业企业行业协会"(NASSCOM)在软环境建设方面发挥了重要作用,补充了政府服务体系。特别是在产业发展初期,与印度政府在成熟的产业部门施加的影响相比,印度政府在信息技术产业领域的行政力量薄弱、相应技术能力不足,并没有匹配的监管机构规范产业发展,NASSCOM 的非正式规则和行业成员行为准则在政府法律法规缺失的情况下填补了政府监管真空,创建了产业发展秩序,并通过向政府提供制定新的管制框架和执行方面的专门知识,影响政策制定和立法,促使产业规制合理化,体制变革合法化,帮助印度信息技术产业在全球树立了信誉良好、标准规范的产业形象。NASSCOM 在印度中央政府的各个委员会包括信息技术部、商务部、财政部、电信部、人力资源发展部、劳动部和外交部等都有代表,还充当各州政府的咨询机构,因此,NASSCOM 的声音能够有效传达到政府;NASSCOM 聘请了前白宫高级顾问和前美国驻印度大使,作为其首席华盛顿说客,还定期在主要城市邀请公司会员、政府官员、媒体、IT用户、政界人士、官员、外交官举行俱乐部会议,交换IT发展信息,进行政策游说……可见,NASSCOM已经不是一个纯粹意义上的企业行业协会了。

NASSCOM与各级印度政府机构进行合作,帮助19个邦的印度地方政府起草IT政策;与信息技术部合作起草数据保护和数据隐私法律,使印度的数据保护法律达到与欧洲和美国标准相同的水平,以回应对离岸客户隐私的关注;与制造商协会合作,启动印度反软件盗版联合会,打击软件盗版;与警界、律师委员会合作,培训他们关于调查数据失窃、网络安全、网络犯罪相关知识以确保执法;NASSCOM还成立独立的自我监管机构——印度数据安全委员会(Data Security Council of India,DSCI)进行组织成员的自我监管,对其会员实施安全措施计划,要求在英国标准协会(British Standards Institution)的信息安全管理系统下采用认证,没有达到标准的IT企业将失去会员资格;NASSCOM设立基金会为印度的IT企业提供技术援助;NASSCOM积极游说印度政府提升印度软件和IT服务业的品牌价值,成功将印度定位为全球领先的低端业务流程外包目的地(BPO);NASSCOM还负责整理、出版印度IT产业发展的各项统计报告,成为获取印度IT产业信息的权威渠道。总之,NASSCOM在印度信息技术产业发展的软环境建设上发挥了巨大作用。

(三)人才培育:注重信息技术产业人才的协同培养

印度拥有大量英文流利、接受过高质量的工程技术人员,他们能够接触到IT前沿技术,工薪相对便宜,这是印度信息技术产业发展享有的"人口红利",以至于很多人认为印度劳动力的特质似乎是为IT产业量身定做。[1]印度的IT人才除了1991年自由化改革之前多年没有释放的人才积累外,主要来自政府教育系统、行业协会或私营机构、企业的协同培养。

印度政府非常重视高等教育发展,不断扩大高等教育基础设施,其高等教育规模位列全球第三,位于中国、美国之后,全国各地分布了16 000大学,有2 297个工程学院。印度的教育体系非常注重数学和科

---

[1] Kapur D. The causes and consequences of India's IT boom[J]. India Review, 2002, 1(2): 91-110.

学的训练,特别增加了技术博士学位设置,高等教育系统培养了大量具有工程类本科和研究生学位的应用人才,比如印度理工学院被称为印度"科学皇冠上的瑰宝",每年招收 8 000 名学生,培养的 IT 人才享誉全球;为顺应 IT 人才的需求,20 世纪 80 年代初开始,印度大量私营或公立的培训机构蜂拥而起,其中包括非常著名的 NIIT(印度国家信息技术学院),很多大型企业特别是外企以联合或者内部培训的形式增加对信息技术员工的培训,并且开设 IT 管理课程、微软认证软件工程师课程。政府打通了学位教育和职业教育之间的认证,为两者的衔接进行专业资格认证,并与 NASSCOM 等合作,建立行业标准,通过持续的技能和职业发展项目培训提高 IT 人员技能,强化能力评估,进行 IT 人员国家数据库注册和验证,系统化协同培养 IT 技术人员。

(四)建立信任:利用侨民网络和质量认证强化产业声誉

印度信息技术产业最耀眼的部分是软件及服务的国际市场开拓,但由于绝大多数软件业务客户在印度之外,软件服务外包必然要面临地理和时间的问题,不同流程成熟度、开发和测试工具的标准和协调性、工作人员技术能力的差异以及文化差异带来的沟通问题,特别是软件产品和服务的输出通常很难提前指定或核实,跨境正式合同极难执行,每个方面都可能对产业发展造成负面影响,因此软件服务外包项目成功的关键因素是发展信任与合作。

印度通过建立高质量的印度侨民网络去解决初始信任和持续信任的问题。侨民价值不仅表现为知识、技能,而且还体现出产业发展急需的国际社会网络和金融资本。大量在美国硅谷的印度 IT 移民与印度本土有商业往来,并给印度初创企业进行了投资,随着印度 IT 侨民在美国强势崛起,印度 IT 侨民个人的成功推动印度 IT 工程师的积极声誉广泛显现,其搭建的人脉网络在以出口为导向的印度 IT 产业发展中发挥着重要作用,成为该产业获得初始信任、开展业务、获取资本的重要途径。此外,为降低交易成本,增强 IT 企业和产品竞争力,给产品和服务带来价格上的竞争优势,印度 IT 企业广泛采用严苛的质量认证,无论是在谈判还是宣传、网站介绍上,几乎每一家印度 IT 公司都强调软件开发过程的质量认证,以此来强化其产品和企业的声誉。印度还不断完善《版权法》《专利法》等知识产权保护体系以获得客户信任并维持这种信任。

总之,印度信息技术产业界利用高质量的侨民网络、严苛的质量认证以及不断调整完善的知识产权保护体系强化了产业声誉,不仅可以与国外大客户建立长期的合作关系,两者还构建了互为依存的关系,促使客户和供应商从最初的合作关系转变为长期战略性伙伴关系,而且以信任为基础的国内企业合作,大大降低了项目风险和成本,提高了合作效率。

(五)产业集群:发挥集聚效应

印度信息技术产业并不是全国到处开花,为了促进IT产业集群的快速形成,印度中央政府和许多邦政府根据资源禀赋、基础设施等基本条件择地建立软件技术园区,在产业政策、财税金融、土地供给、公共服务等方面有意识的引导产业集群发展,比如在邦一级政府方面,典型的有如安得拉邦、西孟加拉邦政府,两者都积极根据市场预期在产业政策等方面引导、助推产业集群发展;还有班加罗尔的电子城和海得拉巴的希特克城,不仅提供了必要的基础设施,而且还提供便捷高效的孵化设施,便于初创公司孵化。

围绕这些软件技术园,印度形成了孟买、德里国家首都区(NCR)、班加罗尔、钦奈、海德拉巴、浦那、加尔各答7大IT产业集群,其中,最著名的就是号称"亚洲硅谷"的班加罗尔IT产业集群。这些产业集群为IT企业提供了更好的商业环境,更便利的技能、技术和人员供给,能够有效组织资源,获取更多的海外市场信息,发挥了极大的集聚效应:首先,集群内企业成员的良性互动大大提高了印度IT产业的专业化水平;其次,经济活动的地理集中导致滚雪球效应,大量新创IT企业聚集在一起,从更高的多样性和专业化的生产过程中获益;再次,产生知识溢出效应,降低交易成本,增强了IT产业的整体竞争力。正是印度IT产业集群的崛起才有了印度信息技术产业的辉煌。

(六)市场化运作:紧贴全球市场,逐步升级

印度信息技术产业发展是政府做好服务,IT企业紧贴市场进行市场化运作的结果。为了打开国外市场,印度IT企业高度重视服务质量和个

性化服务，强调服务流程和方法。在市场化运营中，印度甚至不惜专注发展商业流程外包（BPO）和IT服务业，而弱化其他细分部门。尽管在产业发展初期乃至发展到现在，印度国内市场的比重远远比不上国际市场，但就是在这种市场化的过程中，印度信息技术产业最大化发挥其比较优势，实现了逐步升级。

印度信息技术产业最早在全球信息技术产业价值链的末端开展业务，例如后台交易和呼叫中心，这部分业务技术含量低、投资少、回报相对较低。20世纪90年代初期，美国公司开始以低成本大量外包这些业务给训练有素的印度IT公司；1995—2000年，印度IT产业开始成熟，不断提高R&D，基础设施开始发力完善，价值链上移，印度逐渐成为IT服务产品开发地；2000—2005年，印度IT公司规模、数量不断扩大，并开始进入到产品管理、市场策略分析等复杂服务领域，西方一些公司开始在印度设立专属公司；2005年到现在，印度的信息技术产业业务正从企业服务到企业解决方案迈进。整体而言，印度信息技术产业的服务外包从强调技术领域外包的ITO（低端）发展到强调业务流程管理的BPO（中端）再到更注重高端研发活动的KPO（高端），形成了排他性的"俘获外包"模式。

目前，印度IT市场正在经历显著的变化，大量新创IT企业产生，从IT应用基础设施到自动化再到数字化智能IT，云计算、社交媒体、大数据分析为IT公司提供了新的收入增长点。当然，印度信息技术产业从服务到知识产权带动增长的转变，适应并利用不断变化的技术为客户提供差异化的产品和服务，产业形象从低成本到创新中心的转变还有很长的路要走。

第二节　启　示

信息技术产业作为高新技术产业，除了其本身的发展对经济的贡献之外，由于其具有的高扩散性，对国民经济的渗透能力很强，在各行各业的信息化改造应用很广，技术创新迭代很快，对资源的消耗依赖很低，对人力资源利用很充分，从而其在经济社会发展中的地位和作用愈发重要。在发达国家,信息技术产业已经逐步取代汽车、钢铁等传统产业的地位,成为基础性、先导性、战略性产业;在发展中国家,比如印度,信息技术产业已经具有很好的经济示范效应。

当今世界,数字经济社会已经来临,大数据、人工智能与实体经济深度融合,信息技术的每次创新,都会产生更大的经济和社会发展倍增效应,信息技术产业发展的重要性不言而喻。我国正处于经济增速的换挡期,经济发展新旧动能转换并相互交织,习近平同志在中央政治局第三十六次集体学习时强调"世界经济加速向以网络信息技术产业为重要内容的经济活动转变。我们要把握这一历史契机,以信息化培育新动能,用新动能推动新发展"。[①] 我国政府推出的《中国制造2025》中明确提出,新一代信息技术产业成为带动相关产业协同发展的主要推动力,是国家重点发展产业;党的十九大报告中首次纳入"数字经济"这个关键词,而与"数字经济"直接相关产业就包括信息技术软硬件产品生产及服务产业;此外,"互联网+"等国家重大战略都在强调与信息技术及应用相关的新技术、新产业、新业态、新模式的重要性。可见,信息技术产业特别是新一代信息技术产业已经成为我国党和政府优先发展的重点产业。为此,在对印度信息技术产业发展历程、特征、原因、问题以及对国民经济影响、扩散作用等进行分析的基础上,提出对中国信息技术产业发展的相应启示,以期推动我国信息技术产业又好又快地发展。

(一)制定前瞻性系统化的产业政策

印度经验表明,信息技术产业发展并不是政府自由放任的结果,需要在国家战略和产业政策上加以引导和规划。为此,在我国做出"世界经济加速向以网络信息技术产业为重要内容的经济活动转变"的战略判断的基础上,需要制定若干前瞻性的产业发展政策,优先布局大数据等新一代信息技术产业发展,借助信息技术产业发展推动经济结构调整,"全力打造核心技术产业生态、进一步推动前沿技术突破、实现产业链、

---

① 李国杰. 人民日报经济形势理性看:数字经济引领创新发展[N]. 人民日报,2016-12-16(07).

价值链和创新链等各环节协调发展。"①在战略上，为新一代信息技术产业发展创造先决条件；在环境上，致力于为新一代信息技术产业发展打造生态系统，包括加快5G的推广及应用；强化人才供应政策实施；为新一代信息技术产业发展创建世界级的基础设施；为产业发展提供严格的监管支持；实施广泛的财税优惠政策；优化信息技术领域投融资体系等系统化的产业政策。尤其要注意的是，新一代信息技术产业发展中，技术创新及其带来的新业态、新模式越来越重要，政府要加强技术创新政策导向作用，通过官、产、学、研结合，提升自主创新能力，鼓励民营企业更多地参与到高新技术研发中去，倡导科研院所、高等院校与一线信息技术企业的协同创新。政府还需要尽早牵头对信息技术类芯片行业等"卡脖子关键技术"的联合科技攻关，进行总体布局。

此外，随着中国逐步成为世界贸易大国和经济大国，我国信息技术产业发展还面临极为严重的"国家安全"贸易壁垒挑战，比如"美国制裁中兴事件""孟晚舟事件"。美国等国对我国《网络安全法》及网络和信息安全系列政策提出特别贸易关注，②这种贸易关注还有强化的态势，因此，我国在信息技术产业振兴政策、政府信息技术产品采购政策、产业补贴政策、信息技术产业贸易政策以及产业相关的国家安全法律法规方面还需要进行评估把关，进行贸易合规性审查，以应对"国家安全"贸易壁垒。

（二）重视信息技术人力资源开发

印度信息技术产业发展的一个很重要的原因在于低成本、高技能劳动力的可得性，这也是印度信息技术产业为什么发轫于"猎身"的一大动因。印度软件公司的经理与中国同行相比，除了英文流利能够高效地与海外客户打交道，往往还拥有更丰富的国际经验和项目管理知识。在产业发展早期，印度的一些软件公司在非印度居民的帮助下获得了出口

---

① 曾宇. 以新一代信息技术驱动我国数字经济发展[N]. 经济日报，2018-05-24（016）.

② 李明. 信息技术产业应对"国家安全"贸易壁垒研究[A]. 中国标准化协会. 第十五届中国标准化论坛论文集[C]. 中国标准化协会：中国标准化协会，2018：6.

市场准入的好处，这些优势促成了该产业的出口成功。[1]印度经验表明，发展中国家可以在技术密集型的信息技术产业通过高质量的人力资源开发取得竞争优势，这也是在资本及核心技术并不占优的情况下的一个发展策略。

目前，我国人才要素与新一代信息技术产业发展要求并不匹配，不仅国际顶尖领军人才和团队极度缺乏，基础性信息技术人才数量缺口也十分巨大，IT人才已经成为我国信息技术产业发展的要素短板。以芯片设计领域为例，预计到2020年人才需求量是28万，而2017年底我国该领域的专业人员也仅14万左右。[2]同时，由于我国信息技术在电子商务和社交生活类产品上应用越来越广泛，这些类型的互联网企业以高薪吸引了大量的IT人才，但在生产领域，我国信息技术应用并不突出，基础技术领域企业难以组建稳定的高、精、尖、特的研发团队。此外，在人才培育的外部环境上，美国收紧了对中国研究生在机器人、高科技制造业等方面的签证；在信息技术人才角色转变方面，有预测认为到2021年，40%的信息技术人员将充当多角色，担任多面手。[3]特别是在应对当前越来越多的国家安全贸易壁垒方面，我国也缺乏既有IT产业背景又懂WTO贸易规则和产业安全方面的专家。

为此，必须重新审视我国新一代信息技术人才的培育和应用问题。一是扩大信息技术教育的基础面，鼓励社会、企业等多渠道的信息技术人才培养，实行职业应用性教育和学术教育的互联互通，设立信息技术职业学位，完善学分互认；二是完善产、学、研合作机制，推动高校、科研机构和企业的协同创新，联合设立信息技术人才小高地，在有条件的高新企业建立新一代信息技术博士后工作站和创新实践基地，进一步发挥大学科技园的作用，形成创新集聚的人才培育生态系统；三是在政策上扶持基础性信息技术人才开发，前瞻性的加强新一代信息技术人才的培养，加快数字经济方面的学科建设，扩大新一代信息技术相关专业的招生比例；四是培优扶尖，设立战略科学家工作室，支持和培育中青

---

[1] Gregory N, Stanley D N, Tenev S. New industries from new places: The emergence of the hardware and software industries in China and India[M]. The World Bank, 2009.
[2] 韦柳融. 中国信息技术发展成就与未来[J]. 中国信息界，2018（5）：27-31.
[3] 刘光武，叶慧杰. 全球信息技术产业发展预测[J]. 中国科技信息，2018（14）：109-110.

年信息技术拔尖和领军人才，打造本土高端信息技术人才；五是加强海外华侨华人的"引智工程"，利用好华侨华人的社会资本网络；六是吸引具有国际化经营经验的高端信息技术人才来华工作，探索我国的技术移民制度，近年来我国有些地方政府已有相应政策安排，比如广西的"百名东盟杰出青年科学家来华入桂工作计划"。

（三）完善投融资市场

印度信息技术产业发展已经证明，由于物质基础设施较差和金融资本短缺等资源劣势，印度只能朝着IT服务导向的产业迈进，这在一定程度上解释了印度信息技术产业为什么硬件部门相对发展较慢而软件及服务部门强势的原因。这种发展模式带来了软件服务业的辉煌，但也带来信息技术产业内部结构不均衡，产业发展过度依赖于美国市场等弊病。

我国目前发展的新一代信息技术产业作为国家战略性新兴产业，同时也是资本密集型产业，具有"高风险、高投入"的特点，需要完善投融资市场，建立多层次的投融资体系，解决信息技术研发各方面的资金缺口问题。一是政府引导，发挥政策性银行作用，加大对产业的资金倾斜，如国家开发银行分别于2015年、2017年对清华大学控股的紫光集团（主营集成电路，手机芯片）提出200亿元意向额度、1 000亿元投融资金的支持。①同时鼓励商业银行对新兴的IT企业投资，设立信息技术产业发展特别融资账户。二是发展风险投资，鼓励风投基金的设立。在银行融资、国家基金有限的情况下，需要完善天使投资、私募基金，加强对民间资本的拉动，支持高质量的IT企业在新三板等资本市场上市。三是设立创新基金，鼓励中小企业创新投资，在创新过程加大资金支持，改变以往主要把资金投向大型企业的现象，提高众创能力。②四是引入创新金融服务模式，成立产业融资租赁公司，运用金融杠杆，创新金融产品，缓解产业发展资金缺口。五是改善投融资环境，利用政策优惠等各项措施，吸引FDI流入。

---

① 张勇. 新一代信息技术产业投融资分析研究[J]. 时代金融, 2017(27): 282-283.
② 陈国铁. 信息技术下创新驱动的动力和产业转型升级研究[J]. 产业与科技论坛, 2017, 16(18): 15-17.

（四）注重知识产权保护

印度经验表明，信息技术产业发展的信任条件是国内IT企业和国外客户之间广泛开展合作交易的基础，也反映出国内企业间相互合作的程度。印度政府颁布的知识产权保护体系为信息技术产业发展提供了不断改良的发展环境，同时也给国外客户提供了良好的心理预期。"在我国，作为战略性新兴产业的新一代信息技术产业专利密集程度最高。"[①]由于新一代信息技术产业肩负"走出去"的使命，在激烈的国际竞争和巨大的经济利益刺激下，国内企业屡屡遭遇专利侵权诉讼，甚至被美国以"国家安全"为由制裁，IT产业市场的竞争不仅表现为产品质量竞争，甚至是技术标准竞争。为此，知识产权保护的作用至关重要，这关系到中国的信息技术产业在国际的标准制定、专利许可等方面是否有话语权，是否能够在国际市场站稳脚跟的问题。

我国信息技术企业要"走出去"必须直面知识产权保护这一问题。一是要强化创新，尽快在核心技术上有所突破；二是在国家层面要完善信息技术创新发展的知识产权制度，对信息技术特定领域的知识产权问题予以高度关注，组织政产学研各方面人员开展预案研究；三是在业界要广泛普及知识产权意识，信息技术企业要尽早布局相关专利，积极参与标准制定，规避应用开源软件的知识产权风险；四是新一代信息技术产业的专利质量需要提升，进一步完善专利质量价值评估标准体系，合理运用知识产权运营基金，完善知识产权质押融资风险补偿机制，培育更多的具有自主知识产权的创新型IT企业。[②]

（五）提升自主研发及创新能力

为避免沦为"数码苦力"，必须提升我国信息技术产业的自主研发及创新能力，实现产业价值链的上移。目前，我国信息技术产业借助物联网、云计算等新一代信息技术，迎来了后发追赶的机遇期，通过与基础物理等前沿学科交叉渗透，实现了软硬件、内容、服务的创新融合发展，

[①][②] 周洁，李文宇，黄翠霞. 新一代信息技术产业需高度重视专利诉讼[J]. 中国电信业，2016（9）：18-23.

例如中国自主研发的北斗导航系统已经走出国门，推广到东盟等一些国家。但是，很多关键技术还有待突破，在高端通用芯片、自主可控的高端工业平台软件、高端存储系统等方面的自主研发及创新能力还有待于形成，需要全力打造以企业为主体的创新体系，实现产业发展的跨越。一是要建立产业技术创新联盟，推进技术到产品及服务转化的系列创新；二是强化基础研究、技术研发、产业化三个环节的协同创新，推动产学研用深度融合，围绕"产业链"打造"创新链"；三是建立公共研发平台，政府统筹推动并主导基础性、前瞻性、引领性技术的自主研发攻关；四是增加对我国信息技术产业自主研发创新类项目的研究与试验经费，鼓励高校及科研院所积极开展新一代信息技术的基础研究和核心技术研究；五是加快自主研发及创新型信息技术企业的孵化及科技成果转化，培育国家级大学科技园等示范性园区，形成辐射带动作用；六是多渠道广泛开展创新型人才培养。

（六）加快产业集群建设

我国新一代信息技术产业关联度高、带动性强，全国各地都非常重视该产业的发展，为避免重复建设和产业的零散化无序发展，需要从整体上谋篇布局、因地制宜打造共享平台，加快产业集群建设，集聚和吸引IT相关企业，促进大中小企业融通发展及组织创新，提升产业链水平。在具体措施上，一是明确思路，细分我国"长三角""珠三角""京津冀""中部地区""西部地区"等区域或者具体城市在集成电路、新型显示、高端软件、高端服务器等各子类上的优势，充分发挥区域比较优势，构建具有区域或者地方特色的新一代信息技术产业发展领域；二是集中扶持新一代信息技术产业重点企业，发展一批龙头企业，打造资金投入、科研协同、运营服务、基础设施完善的四位一体产业集群，突出其技术创新和综合效益优势；三是有选择性地发展产业联盟，通过产业联盟这种组织形态获取互补性资源，避免单一企业竞争劣势，争取核心技术的扩散与渗透，稳固产业集群，提升综合经济效益；①四是要把握产业集群

---

① 陈杰. 新一代信息技术产业布局研究：产业集群的视角[J]. 系统工程，2013，31（4）：122-126.

发展的阶段性特征，科学预判及迎合需求结构变化，遵循产业集群演进规律，优化配置生产要素，形成产业链条；五是依托产业集群，积极融入基于产业价值链的新型信息技术产业国际分工格局，推动集群企业国际化成长。

（七）抓好出口和内需两个市场

我国新一代信息技术产业发展必须注重国际和国内两个市场，通过技术创新及规模化应用达到扩大出口和拉动内需的双重效应。在出口方面，由于我国信息技术产业的核心技术与欧美一些发达国家依然存在差距，出口能力往往体现在零部件及配套产业上，需要强化新一代信息技术产业的发展，通过以下措施拓展海外市场：一是要加大以产业基础能力、创新能力、对外服务能力为代表的新一代信息技术产业"走出去"的能力建设；[1]二是优先升级相对占优势的传统电子制造业，获取更多的海外市场份额；三是利用"一带一路"的机遇，扩大对沿线国家软件和服务出口，形成出口多元化格局，实现新兴市场的前瞻性布局；四是落实出口退税、重大技术装备进口关键零部件免税等政策，扩大软件信息服务出口；五是响应欧美客户的定制化需求，不断增强创新、灵活的交付模式及定制能力，赢得信任与合作；六是专注于客户价值，提供创新技术与产品解决方案，建立覆盖全球的营销和服务网络。在国内市场方面，一是大力发展应用导向的电子商务、物联网和云计算产业，推进新一代信息技术在国民经济各行业、各领域的应用，发展新兴信息消费业态；二是利用信息技术促成消费需求升级，满足国内个人市场和家庭市场的需求，强化我国经济内生增长动力；三是利用信息技术扩大内需，完善社会治理，推广电子政务、智慧城市建设，规模化普及信息技术应用。

---

[1] 张薇薇等. 新一代信息技术产业"走出去"的能力评价实证研究[J]. 工业技术经济，2018，37（8）：44-51.

参考文献

[1] Agrawal N M, Thite M. Human resource issues, challenges and strategies in the Indian software industry[J]. International Journal of Human Resources Development and Management, 2003, 3(3): 249-264.

[2] Alexander Gerschenkron. Economic backwardness in Historical perspective [M]. Harvard University Press, 1962.

[3] Anderson J C, Narus J A. A model of distributor firm and manufacturer firm working partnerships[J]. the Journal of Marketing, 1990: 42-58.

[4] Arora A, Arunachalam V S, Asundi J, et al. The Indian software services industry[J]. Research policy, 2001, 30(8): 1267-1287.

[5] Arora A, Athreye S. The software industry and India's economic development[J]. Information economics and policy, 2002, 14(2): 253-273.

[6] Arora A, Bagde S K. Human capital and the Indian software industry[R]. National Bureau of Economic Research, 2010.

[7] Babar M A, Verner J M, Nguyen P T. Establishing and maintaining trust in software outsourcing relationships: An empirical investigation [J]. Journal of Systems and Software, 2007, 80(9): 1438-1449.

[8] Bajwa G S. ICT policy in India in the era of liberalization: Its impact and consequences[J]. Global built environment review, 2003, 3(2): 49-61.

[9] Balatchandirane G. IT Clusters in India[J]. Discusión Paper, 2007 (85).

[10] Banerjee A V, Duflo E. Reputation effects and the limits of contracting: A study of the Indian software industry[J]. The Quarterly Journal of Economics, 2000, 115(3): 989-1017.

[11] Bhattacharjee S, Chakrabarti D. Investigating India's competitive edge in the IT-ITeS sector[J]. IIMB Management Review, 2015, 27(1): 19-34.

[12] Biswas R. Making a technopolis in Hyderabad, India: The role of government IT policy[J]. Technological Forecasting and Social Change, 2004, 71(8): 823-835.

[13] Carmel E. The new software exporting nations: success factors[J]. The Electronic Journal of Information Systems in Developing Countries, 2003, 13(1): 1-12.

[14] Casey V. Developing trust in virtual software development teams[J]. Journal of theoretical and applied electronic commerce research, 2010, 5(2): 41-58.

[15] Chacko E. From brain drain to brain gain: reverse migration to Bangalore and Hyderabad, India's globalizing high tech cities[J]. GeoJournal, 2007, 68(2-3): 131-140.

[16] Chandra P, Trilochan S. Competitiveness of Indian Manufacturing: Finding of the 2001 National Manufacturing Survey[R]. Indian Institute of Management Ahmedabad, Research and Publication Department, 2002.

[17] Clarida R H, Findlay R. Government, trade, and comparative advantage[J]. The American Economic Review, 1992, 82(2): 122-127.

[18] Coombs R, Hull R. 'Knowledge management practices' and path-dependency in innovation[J]. Research policy, 1998, 27(3): 239-256.

[19] D'Costa A P. Export growth and path-dependence: the locking-in of innovations in the software industry[M]//India in the global software industry. Palgrave Macmillan, London, 2004.

[20] D'Costa A P. Technology leap-frogging: the software challenge in India[J]. P. Conceição et al, 2002: 183-99.

[21] D'Costa A P. Uneven and combined development: understanding India's software exports[J]. World Development, 2003, 31(1): 211-226.

[22] Dayasindhu N. Embeddedness, knowledge transfer, industry clusters and global competitiveness: a case study of the Indian software

industry[J]. Technovation, 2002, 22(9): 551-560.

[23] D'Costa A P. India in the global software industry: Innovation, firm strategies and development[M]. Springer, 2003.

[24] D'Costa A P. Software outsourcing and development policy implications: an Indian perspective[J]. International journal of technology management, 2002, 24(7-8): 705-723.

[25] Desai A. The dynamics of the Indian information technology industry[J]. Center for New and Emerging Markets, London Business School, Apr. Available online: http://www. london.edu/cnem/Faculty/ S_Commander/india27603. pdf. Access Date: Sept, 2003, 6: 2004.

[26] Desai M A, Kapur D, McHale J. The fiscal impact of the brain drain: indian emigration to the US[C]//Weekly Political Economy Discussion Paper. Harvard University. www. wcfia. harvard. edu/seminars/pegroup. 2001.

[27] Dhume S. From Bangalore to Silicon Valley and back: How the Indian diaspora in the United States is changing India[M]//India Briefing. Routledge, 2016.

[28] Dollar D. Technological differences as a source of comparative advantage[J]. The American Economic Review, 1993, 83(2): 431-435.

[29] Dominick Salvatore. International Economics [M]//Prentice-Hall International, Inc. New Jersey, 1995.

[30] Dosi G. Technological paradigms and technological trajectories: a suggested interpretation of the determinants and directions of technical change[J]. Research policy, 1982, 11(3).

[31] Dossani R, Kenney M. The next wave of globalization: Relocating service provision to India[J]. World Development, 2007, 35(5): 772-791.

[32] Dossani R. Origins and growth of the software industry in India[J]. Available at: www. iis-db. stanford. edu/pubs/20973/Dossani_India_ IT_2005. pdf, 2005.

[33] Fernandes R, Arora A, Asundi J. Supply and demand for software developers in India[R]. Heinz School working paper, 2000.

[34] Frosch R A, Gallopoulos N E. Strategies for manufacturing[J]. Scientific American, 1989, 261(3): 144-153.

[35] Fujita M.&J.F. Thisse. Economics of Agglomeration:Cities,Industrial Location and Regional Growth[M]. Cambridge University Press,2002.

[36] Gregory N, Stanley D N, Tenev S. New industries from new places: The emergence of the hardware and software industries in China and India[M]. The World Bank, 2009.

[37] Grossman G M, Helpman E. Product development and international trade[J]. Journal of political economy, 1989, 97(6): 1261-1283.

[38] Grossman G M, Maggi G. Diversity and trade[J]. American Economic Review, 2000, 90(5): 1255-1275.

[39] Hanna N. Exploiting Information Technology for Development[J]. World Bank Discussion Paper, 1994, 246.

[40] Heeks R, Nicholson B. Software export success factors and strategies in 'follower' nations[J]. Competition and Change, 2004, 8(3): 267-303.

[41] Heeks R. Using competitive advantage theory to analyze IT sectors in developing countries: a software industry case analysis[J]. Information Technologies & International Development, 2006, 3(3): 5-34.

[42] Helpman E, Krugman P R. Market structure and foreign trade: Increasing returns, imperfect competition, and the international economy[M]. MIT press, 1985.

[43] Hira R. US immigration regulations and India's information technology industry[J]. Technological forecasting and social change, 2004, 71(8): 837-854.

[44] Issac G, Rajendran C, Anantharaman R N. Significance of quality certification: The case of the software industry in India[J]. Quality Management Journal, 2004, 11(1): 8-27.

[45] James J. Information technology, cumulative causation and patterns of globalization in the third world[J]. Review of International Political Economy, 2001, 8(1): 147-162.

[46] Joshi K, Mudigonda S. An analysis of India's future attractiveness as an offshore destination for IT and IT-enabled services[J]. Journal of

Information Technology, 2008, 23(4): 215-227.

[47] Kadam P V. Competitiveness of Software Industry of India[D]. Goa University, 2017.

[48] Kapur D, Ramamurti R. India's emerging competitive advantage in services[J]. Academy of Management Perspectives, 2001, 15(2): 20-32.

[49] Kapur D. Diasporas and technology transfer[J]. Journal of Human Development, 2001, 2(2): 265-286.

[50] Kapur D. The causes and consequences of India's IT boom[J]. India Review, 2002, 1(2): 91-110.

[51] Kathpalia L, Raman R. The road ahead for the Indian IT and ITES: Industry considering its service offerings, domestic market and technology Trends[J]. Journal of Theoretical and Applied Information Technology, 2014, 60(2): 263-273.

[52] Kauffman R J, Kumar A. Scale and scope externalities in growth of it industries in india: An agglomeration perspective[C]//System Sciences, 2007. HICSS 2007. 40th Annual Hawaii International Conference on. IEEE, 2007: 226a-226a.

[53] Ketels C. The Development of the cluster concept–present experiences and further developments[C]//NRW conference on clusters. 2003, 5: 2003.

[54] Khomiakova T. Information technology clusters in India[J]. Transition Studies Review, 2007, 14(2).

[55] Kite G. The impact of information technology outsourcing on productivity and output: New evidence from India[J]. Procedia Economics and Finance, 2012, 1: 239-248.

[56] Krishna S, Ojha A K, Barrett M. 12 Competitive Advantage in the Software Industry: An Analysis of the Indian Experience[J]. Information Technology in Context: Studies from the Perspective of Developing Countries: Studies from the Perspective of Developing Countries, 2017.

[57] Kshetri N, Dholakia N. Professional and trade associations in a nascent and formative sector of a developing economy: A case study of the

NASSCOM effect on the Indian offshoring industry[J]. Journal of International Management, 2009, 15(2): 225-239.

[58] Kumar N, Joseph K J. Export of software and business process outsourcing from developing countries: Lessons from the Indian experience[J]. Asia-Pacific Trade and Investment Review, 2005, 1(1): 91-110.

[59] Kundu S C, Mor A. Workforce diversity and organizational performance: a study of IT industry in India[J]. Employee Relations, 2017, 39(2): 160-183.

[60] Lakha S. The new international division of labour and the Indian computer software industry[J]. Modern Asian studies, 1994, 28(2): 381-408.

[61] Lal K. Institutional environment and the development of information and communication technology in India[J]. The Information Society, 2001, 17(2): 105-117.

[62] Langfield-Smith K, Smith D. Management control systems and trust in outsourcing relationships[J]. Management accounting research, 2003, 14(3): 281-307.

[63] Mathur S K. Indian Information Technology Industry: Past, Present and Future& A Tool for National Development[J]. Journal of Theoretical and Applied Information Technology, 2006, 2(2): 50-79.

[64] Mukherjee S. Producing the knowledge professional: gendered geographies of alienation in India's new high-tech workplace[J]. In an Outpost of the Global Economy: Work and Workers in India's Information Technology Industry, 2008: 50-75.

[65] Nanda R, Khanna T. Diasporas and domestic entrepreneurs: Evidence from the Indian software industry[J]. Journal of Economics & Management Strategy, 2010, 19(4): 991-1012.

[66] NASSCOM. IT Industry in India -Strategic Review 2002[R]. NASSCOM, 2002.

[67] NASSCOM. The IT-BPM Sector in India: Strategic Review 2004[R]. NASSCOM, 2004.

[68] NASSCOM. The IT Industry in India: Strategic Review 2005[R]. NASSCOM, 2005.

[69] NASSCOM. NASSCOM PERSPECTIVE 2020[R]. NASSCOM, 2009.

[70] NASSCOM. Indian IT-BPM industry overview 2013[R]. NASSCOM, 2013.

[71] NASSCOM. The IT-BPM Sector in India: Strategic Review 2013. [R]. NASSCOM, 2013.

[72] NASSCOM. Indian IT-BPM industry overview 2014[R]. NASSCOM, 2014.

[73] NASSCOM. The IT-BPM Sector in India: Strategic Review 2014[R]. NASSCOM, 2014.

[74] NASSCOM. The IT-BPM Sector in India: Strategic Review 2015[R]. NASSCOM, 2015.

[75] NASSCOM. The IT_BPM Sector in India: Strategic Review 2016. [R]. NASSCOM, 2016.

[76] NASSCOM. The IT Industry in India: Strategic Review 2017[R]. NASSCOM, 2017.

[77] NASSCOM-McKinsey. Report: Strategies to Achieve Indian IT Industry's Aspiration[R]. NASSCOM, 2002.

[78] National Skill Development Corporation. Report of Human Resource and Skill Requirements in the Electronics and IT Hardware Industry. New Delhi.

[79] Noman A, Stiglitz JE. Learning, Industrial, and Technology Policies: An Overview [A]. In Noman A, Stiglitz JE. (eds.). Efficiency, Finance, and Varieties of Industrial Policy: Guiding Resources, Learning, and Technology for Sustained Growth [C]. New York: Columbia University Press, 2017.

[80] Oza N V, Hall T, Rainer A, et al. Trust in software outsourcing relationships: An empirical investigation of Indian software companies [J]. Information and software Technology, 2006, 48(5): 345-354.

[81] Pandey A, Aggarwal A, Devane R, et al. India's transformation to knowledge-based economy–evolving role of the Indian diaspora[J].

Draft. World Bank, Washington, DC, 2004.

[82] Parthasarathi A, Joseph K J. Innovation under export orientation[M]// India in the Global Software Industry. Palgrave Macmillan, London, 2004.

[83] Parthasarathy B. India's Silicon Valley or Silicon Valley's India? Socially embedding the computer software industry in Bangalore[J]. International journal of urban and regional research, 2004, 28(3): 664-685.

[84] Porter,M.E. Clusters and the New Economics of Competition[J]. Harvard Business Review. 1998,98:77-90.

[85] Ramachandran K, Ray S. Formation of information technology clusters: how late movers follow models different from early movers[C]//35th EISB Conference, Barcelona. 2005, 12414.

[86] Rao P M, Balasubrahmanya M H. The rise of IT services clusters in India: A case of growth by replication[J]. Telecommunications Policy, 2017, 41(2): 90-105.

[87] Rothenberger M A, Kao Y C, Van Wassenhove L N. Total quality in software development: An empirical study of quality drivers and benefits in Indian software projects[J]. Information & Management, 2010, 47(7-8): 372-379.

[88] Sahoo B K. Total factor productivity of the software industry in India[R]. Working Paper, 2013.

[89] Sarkar S, Mehta B S. Employment profile of ICT sector in India[J]. Institute for Human Development, New Delhi Google Scholar, 2005.

[90] Saxenian A L. Bangalore: The Silicon Valley of Asia?[C]//a conference on Indian economic prospects: advancing policy reform, Center for Research on Economic Development and Policy Reform, May, Stanford, Calif. 2000.

[91] Saxenian A L. The Silicon Valley connection: Transnational networks and regional development in Taiwan, China and India[M]//India in the Global Software Industry. Palgrave Macmillan, London, 2004.

[92] Sharma S, Singh N. Information technology and productivity in Indian

manufacturing[J]. India Policy Forum, 2013, (9): 189-237.

[93] Shyam Sankar S, Changat M. Year 2025: Two Scenarios For the Indian IT Industry[J]. Journal of Futures Studies, 2017, 22(1): 39-56.

[94] Signal, Arvind & Rogers. India's Information Revolution [M]. New Deuni:sage, 1989: 196.

[95] Singh I, Kaur N. Contribution of information technology in growth of Indian economy[J]. International Journal of Research Granthaalayah, 2017, 5(6): 2394-3629.

[96] Singh N. Information Technology and Its Role in India's Economic Development: A Review[M]//Development in India. Springer, New Delhi, 2016.

[97] Singh N. Information technology as an engine of broad-based growth in India[M]//The knowledge economy in India. Palgrave Macmillan, London, 2003: 24-57.

[98] Social exchange in developing relationships[M]. Elsevier, 2013.

[99] Steinle C, Schiele H. When do industries cluster? A proposal on how to assess an industry's propensity to concentrate at a single region or nation[J]. Research policy, 2002, 31(6): 849-858.

[100] Taeube F A. Structural Change and Economic Development in India: The Impact of Culture on the Indian Software Industry[J]. Development by Design, 2002: 1-10.

[101] Topalova P, Khandelwal A. Trade liberalization and firm productivity: The case of India[J]. Review of economics and statistics, 2011, 93(3): 995-1009.

[102] Tschang T. The basic characteristics of skills and organizational capabilities in the Indian software industry[R]. ADBI Research Paper Series, 2001.

[103] Tybout J R. Internal returns to scale as a source of comparative advantage: the evidence[J]. The American Economic Review, 1993, 83(2): 440-444.

[104] Tyler T R. Trust in organizations: Frontiers of theory and research[M]. Sage, 1996.

[105] Upadhya C. Employment, exclusion and merit in the Indian IT industry[J]. Economic and Political Weekly, 2007: 1863-1868.

[106] Upadhya C. Software and the 'new' middle class in the 'new India'[J]. Elite and everyman: The cultural politics of the Indian middle classes, 2011: 167-192.

[107] Varma, Uday Kumar and Sasikumar S.K. (2004), "Information and Communication Technology and Decent Work; Study of India's Experience", V.V.Giri National Labour Institute , India.

[108] World Bank (2000). India: Scientific and technical manpower development in India. Report No. 20416-IN. World Bank, Education Sector Unit, South Asia Region, Washington, DC.

[109] Yang X, Borland J. A microeconomic mechanism for economic growth[J]. Journal of political economy, 1991, 99(3): 460-482.

[110] 陈飞翔. 比较优势理论的发展和现实演变[J]. 经济学动态, 1994（4）: 61-66.

[111] 陈国铁. 信息技术下创新驱动的动力和产业转型升级研究[J]. 产业与科技论坛, 2017, 16（18）: 15-17.

[112] 陈洪涛. 新兴产业发展中政府作用机制研究[D]. 杭州：浙江大学, 2009.

[113] 陈杰. 新一代信息技术产业布局研究：产业集群的视角[J]. 系统工程, 2013, 31（4）: 122-126

[114] 陈利君, 陈雪松. 印度IT产业发展现状及其原因——基于国家竞争优势理论的分析[J]. 东南亚南亚研究, 2010（4）: 51-55+91.

[115] 丛阳, 吕婕. 印度推动国有银行改革意在提高经营效率和盈利能力[J]. 中国银行业, 2018（8）: 65-67.

[116] 戴永红, 朱方明. 印度软件企业国际化中的政府作用探讨[J]. 南亚研究, 2005（1）: 14-19.

[117] 戴永红. 印度软件企业国际化研究[D]. 成都：四川大学, 2006.

[118] 董志学. 中国汽车产业与信息技术产业耦合发展研究[D]. 北京：首都经济贸易大学, 2016.

[119] 杜振华. 印度软件与信息服务业的数字化转型及创新[J]. 全球化, 2018（6）: 74-90.

[120] 杜振华. 印度政府在发展软件产业中的主导作用[J]. 宏观经济研究, 2001（3）: 52-55.

[121] 高述涛. 印度信息技术外包（ITO）产业发展模式弊端及其对我国的启示[J]. 特区经济, 2010（4）: 108-109.

[122] 关力. 印度软件业推出新质量品牌——SIX SIGMA[J]. 全球科技经济瞭望, 2002（10）: 22-24.

[123] 郭熙保, 胡汉昌. 后发优势研究述评[J]. 山东社会科学, 2002（3）.

[124] 韩丹. 试论美国的印度技术移民及其影响（1965—2000）[D]. 长春: 东北师范大学, 2012.

[125] 何强. 信息技术产业发展对经济增长的门槛效应和动态效应分析[J]. 产业经济研究, 2012（5）: 11-18.

[126] 洪银兴. 从比较优势到竞争优势——兼论国际贸易的比较利益理论的缺陷[J]. 经济研究, 1997（6）: 20-26.

[127] 胡国良. 中国、印度软件外包业国际分工、发展模式及竞争力比较[J]. 世界经济与政治论坛, 2007（6）: 18-22.

[128] 胡汉昌, 郭熙保. 后发优势战略与比较优势战略[J]. 江汉论坛, 2002（9）: 25-30.

[129] 胡启明, 蒋爱勤. 印度初等教育发展及启示[J]. 赣南师范学院学报, 2015, 36（2）: 106-109.

[130] 胡启明. 印度"国家职业教育资格框架"发展实施及启示[J]. 职业技术教育, 2014, 35（25）: 90-93.

[131] 胡启明. 印度职业学士学位设置述评[J]. 学位与研究生教育, 2014（12）: 64-67.

[132] 黄飞雪, 李志洁. 基于PDCA的印度软件质量保证模型研究[J]. 哈尔滨工业大学学报, 2005（11）: 1583-1585.

[133] 黄筱楠. 印度软件行业的人力资本研究[D]. 昆明: 云南财经大学, 2013.

[134] 纪占武, 卢锡超. 产业技术扩散的知识重构研究[J]. 科学学与科学技术管理, 2010, 31（8）: 33-37.

[135] 简新华. 产业经济学发展的几个基本理论问题[J]. 经济评论, 2000（3）: 41-42, 49.

[136] 姜爱华, 李辉. 印度政府在服务外包产业发展中的作用及借鉴[J].

宏观经济研究，2008（9）：74-79.

[137] 金碚. 中国工业国际竞争力——理论、方法与实证研究[M]. 北京：经济管理出版社，1997.

[138] 景瑞琴. 人力资本与国际服务外包[D]. 上海：复旦大学，2007.

[139] 蓝庆新. 从印度软件业发展看产业集群的内在经济效应[J]. 南亚研究季刊，2004（1）：18-21.

[140] 李国杰. 人民日报经济形势理性看：数字经济引领创新发展[N]. 人民日报，2016-12-16（07）.

[141] 李辉文. 现代比较优势理论的动态性质——兼评"比较优势陷阱"[J]. 经济评论，2004（1）：42-47.

[142] 李静. 印度信息技术立法的发展与特色[J]. 暨南学报（哲学社会科学版），2012，34（11）：83-88.

[143] 李明. 信息技术产业应对"国家安全"贸易壁垒研究[A]. 中国标准化协会. 第十五届中国标准化论坛第十五届中国标准化论坛论文集[C]. 中国标准化协会：中国标准化协会，2018：6.

[144] 李世杰，李凯. 产业集群发展中的政府行为及政策启示：来自产业集群发达国家的经验[J]. 技术经济与管理研究，2009（2）：77-79.

[145] 李晓华，刘峰. 产业生态系统与战略性新兴产业发展[J]. 中国工业经济，2013（3）：20-32.

[146] 刘进. 印度2001年新竞争法述评[J]. 南亚研究季刊，2004（2）：22-28.

[147] 刘小铁. 产业竞争力因素分析[D]. 南昌：江西财经大学，2004.

[148] 刘小雪. 印度经济转型、产业政策变迁及对软件产业发展的影响[J]. 南亚研究，2004（2）：37.

[149] 鲁达尔·达特等. 印度经济（上、下册）[M]. 成都：四川大学出版社，1994.

[150] 陆履平，杨建梅. 硅谷、班加罗尔IT产业成功之启示[J]. 科技管理研究，2005（1）：102-107.

[151] 马本，郑新业. 产业政策理论研究新进展及启示[J]. 教学与研究，2018（8）：100-108.

[152] 迈克尔·波特. 国家竞争优势[M]. 北京：华夏出版社，2002.

[153] 曼纽尔·卡斯特. 信息时代三部曲：经济、社会与文化[M]. 北京：

社会科学文献出版社,2003.

[154] 齐鸣.印度信息技术产业飞速发展的动因分析[EB/OL]. http://news.sciencenet.cn/html/showxwnews1.aspx?id=200017, 2017-08-16.

[155] 祁鸣,李建军. NASSCOM 在印度软件产业发展中的作用[J].中国科技论坛,2007(10):139-144.

[156] 任佳,邱信丰.印度工业政策的演变及其对制造业发展的影响[J].南亚研究,2014(2):106-121.

[157] 芮明杰.中国产业发展的挑战与思路[J].复旦学报(社会科学版),2004(1):56-63.

[158] 尚庆琛.中印服务外包产业国际竞争力比较研究[J].南亚研究,2017(3):49-63.

[159] 司乐如.观点和政策塑造:中国与印度在美国的游说行动对比[J].南亚研究,2009(3):77-90.

[160] 斯蒂芬·马丁.高级产业经济学[M].上海:上海财经大学出版社,2003.

[161] 田溯宁.政策发威 软件发展——印度软件业的一点启示[J].互联网周刊,1998(15):29+31.

[162] 王德禄.班加罗尔科技园的经验和启示[J].中关村,2015(10):42-44.

[163] 王清.镜鉴印度版权法:中国应当学习什么[J].电子知识产权,2013(4):68-74.

[164] 韦柳融.中国信息技术发展成就与未来[J].中国信息界,2018(5):27-31.

[165] 文富德,唐鹏琪.印度科学技术[M].成都:巴蜀书社,2004.

[166] 文富德.印度经济发展、改革与前景[M].成都:巴蜀书社,2003.

[167] 文富德.论高科技对印度经济发展的影响[J].南亚研究季刊,2011(1):35-41.

[168] 文富德.印度财政税收的发展、改革与经验教训[J].南亚研究季刊,2015(1):94-101.

[169] 文富德.印度高科技发展战略研究[M].成都:巴蜀书社,2010.

[170] 文富德.印度经济改革经验教训研究[M].成都:巴蜀书社,2013.

[171] 文富德.印度经济全球化研究[M].成都:巴蜀书社,2008.

[172] 吴琳. 软件外包产业发展研究[D]. 北京：中共中央党校，2009.

[173] 夏清华. 从资源到能力：竞争优势战略的一个理论综述[J]. 管理世界，2002（4）：109-114.

[174] 徐剑明. 日本、印度产业规划策略的缺陷及其启示[J]. 世界经济研究，2001（3）：63-66.

[175] 杨景厚. 硅谷的"印度邦"[J]. 科学新闻，2000（49）：15.

[176] 杨思帆. 当代印度高校与高技术产业的联结研究[D]. 重庆：西南大学，2010.

[177] 杨小凯，张永生. 新古典经济学和超边际分析[M]. 北京：中国人民大学出版社，2000

[178] 约瑟夫·斯蒂格利茨. 经济学[M]. 北京：中国人民大学出版社，1997.

[179] 约瑟夫·熊彼特. 经济发展理论[M]. 北京：商务印书馆，1990.

[180] 曾向东. 印度侨汇的增长及有关政策措施[J]. 世界经济，1980（4）：62-67.

[181] 曾琰. 印度IT产业集群的特点及其社会资本效用探析[J]. 现代财经-天津财经大学学报，2008（10）：93-97.

[182] 曾宇. 以新一代信息技术驱动我国数字经济发展[N]. 经济日报，2018-05-24（016）.

[183] 张淑兰，宋丽萍，林承节. 拉奥政府经济改革的理念[J]. 南亚研究季刊，2003（1）：10-16+1.

[184] 张薇薇等. 新一代信息技术产业"走出去"的能力评价实证研究[J]. 工业技术经济，2018，37（8）：44-51.

[185] 张勇. 新一代信息技术产业投融资分析研究[J]. 时代金融，2017（27）：282-283.

[186] 赵建军. 印度IT产业是怎样腾飞的[J]. 中国国情国力，2004（2）：35-38.

[187] 赵璐. 印度软件产业的发展状况及其动因分析[D]. 成都：四川大学，2003.

[188] 赵晓丹，刘志迎. 技术创新的经济学理论分析研究综述[J]. 合肥工业大学学报（社会科学版），2005（5）：19-22.

[189] 周洁，李文宇，黄翠霞. 新一代信息技术产业需高度重视专利诉

讼[J]. 中国电信业，2016（9）：18-23.

[190] 朱东辰,余津津.印度风险投资业发展的得失及其对我国的启示[J]. 外国经济与管理，2001（1）：36-41.

[191] 朱福林.印度服务外包竞争力影响因素分析——基于灰色关联度方法的实证[J]. 世界经济研究，2015（5）：90-97+129.

重要网络资源

http://www.indiacode.nic.in/coiweb/welcome.html.

http://mytclworld.com/SOI2/index.htm

https://data.gov.in/catalog/expenditure-education-centre-and-state-governments

http://indiabudget.nic.in/index.asp

http://www.rbi.org.in/home.aspx

http://labour.gov.in/content/

http://mospi.nic.in/Mospi_New/site/home.aspx

http://www.nasscom.in/

http://statisticsofindia.com/tatasoi/

http://www.ihdindia.org/publication-ihd.html

http://finmin.nic.in/reports/ipfstat.asp

http://www.oecd.org/

http://rtcer.nic.in/

http://www.finmin.nic.in/